城市的耻辱

The Shame of the Cities

【美】林肯·斯蒂芬斯（Lincoln Steffens）著

邢锡范 译　胡彧 校

中国人民大学出版社

·北京·

目　录

0. 导言

这不是一本书，而是一部文集，收录了我在《麦克卢尔杂志》发表的几篇文章。那个时候这些文章是作为新闻报道写出来的，现在收集成册仍然还是新闻报道，虽然新换了“外套”，里面的内容并没有进行任何修饰。这一做法也许足以让人觉得我有点儿狂妄。假如我是为自己的记者职业伸张权利，你可以这么认为，但这并不重要。作为记者，我记叙了美国一些城市的耻辱，在这些城市里，许多人披着合法市民的外衣，却不知羞耻地干着罪恶的勾当。现在我把一系列发表过的文章从杂志的合订本里抽出来重新出版，而且几乎没做修订，我这么做当然有自己的道理。我原先写这些文章是有意图的，一篇又一篇连续拿出去发表也是有意图的，现在编辑成册重新出版，更是进一步强调相同的意图；过去我有决心，现在我仍然有决心，那就是对傲慢家伙们的违法行为进行彻底的揭露。

我们有理由相信一定存在着这样的事。我们自吹自擂说的所有大话不可能都是空洞的虚言，我们虔诚的托辞也不可能都是虚伪的谎言。说到底，美国人在科学、艺术和商业领域取得的成就意味着我们有过硬的能力，而我们的虚伪则意味着基本道德观念的种族意识。即使在政府里，我们也已经给出证据，证明其具有巨大的潜能，而我们的政治也并非完全失败，只是这些失败简直荒谬透顶。这些失败是我们自己造成的，这表明我们不仅有杰出的成就和卓越的政治家，还有失败和贪污受贿者，二者同样是真实的。我们为什么不对此看一看、说一说呢？

因为我听说，美国人民是不会接受这种做法的。你也许可以责备政治家，或者任何一个阶层，真的，但是你不能责备所有的阶层，责备全体人民。你可以欺骗不知情的外国移民，或者任何一个民族，但是你欺骗不了所有的民族，欺骗不了美国人民。但是，没有哪个阶层、哪个种族、哪个利益集团或行业群体需要单独为此承担责任。美国有些城市没有得到很好的管理，那是因为美国人民没有很好地监督政府。

当我动身去一些城市采访时，一位纽约人诚实地告诉我，说我一定会发现美国各地的爱尔兰裔移民，信仰天主教的爱尔兰裔移民，他们是恶政的罪魁祸首。我去的第一个城市是圣路易斯，那是一个德国裔移民的城市。我去的第二个城市是明尼阿波利斯，斯堪的纳维亚裔移民的城市，英格兰裔移民是城市的领导者。接着我来到匹兹堡，苏格兰长老会教友的城市，我的纽约朋友也是长老会的一个教友。我听到："啊，可是他们都是外国裔移民。"下一站是费城，在所有城市当中算得上最纯的美国人群落，也是最没有希望的城市。离开费城后，我来到芝加哥和纽约，两者都是多民族混居的城市，但是前者成功地进行了改革，而后者的政府是我在这些城市当中见到的最好的政府，堪称典范。“外国因素”这样的借口是假设出来的谎言，目的是阻止我们看清楚我们自身。

自负让美国人对政治深感悲叹，而对商业大唱颂歌，这可以说是美国人自我主义的另一个类似假设。这是典型的美国市民的抱怨。如今，典型的美国市民是商人，而典型的商人则是坏的市民，商人总是在忙。假如他是一个“大商人”，非常忙，他不会忽视政治，而会忙于政治活动。啊，非常忙，非常讲究效率。我发现，在圣路易斯商人们在行贿，在明尼阿波利斯有人为受贿者辩护，在匹兹堡有人搞腐败，在费城有人与城市大佬分享利润，在芝加哥有人强烈反对改革，在纽约有人用贿赂基金打击良好的政府。商人，大商人，是自以为是、狂妄自大的骗子，是腐败现象的主要根源。如果商人能忽视政治，那可是一种恩惠。普通的商人不搞政治，是值得尊敬的市民。这样的商人也很忙，但是他不需要政治，也没有时间搞政治。如果他对政治的忽视使糟糕的政府走得太远，他会被激发从而采取行动，会不高兴，四下寻找快速治疗政府病症的方法，然后他会很快地回到自己的生意上。这是自然的事，当他谈政治时，其实最终目的还是关心他的生意。他信守的特有做法便是交易。

“请一位商人来，”他说（他的意思是“像我这样的人”），“让这个人把经商的方法引入政治和政府中，那样我就可以继续照料我自己的生意了。”

从美国参议院议员到市政委员会委员，在美国的任何地方，几乎没有哪个商人会被选入议会或委员会的哪个部门。然而政治仍然腐败，政府相当糟糕，而追求自身经济利益的市民不得不时刻准备好冲出去，就像过去那些消防志愿者能够在任何时候、任何天气都冲出去，进行预防火灾的巡视。有时商人出去把火扑灭（已经造成损失之后），然后回到生意上，为商人从事政治活动而叹息。商人在干预政治方面很失败，为什么？

因为政治就是生意，症结就在这里——艺术、文学、宗教、新闻、法律、医药，这些都是生意，所有你能接触到的行业都是生意。在英国，政治成了一种运动，在德国则成了一种职业。如果愿意的话，我们将得到比现在拥有的更多的东西，这是另一个问题。不要试图与银行家、律师和纺织品商人一起搞政治改革，因为这些人都是商人，指望他们获得改革成就至少会遇到两大障碍：其一，他们与政客不同，甚至不比政客好多少；其二，政治不是“他们的行业”。不过两者都有例外的情况。许多政客投身于商业，而且干得不错（坦慕尼派的几个前市长以及费城几乎所有老的政治领袖都是卓越的金融家），而有的商人则从事政治活动，同样表现不俗（如马克·汉纳）。然而，他们并没有对自己所从事的行业进行改革，虽然他们有时会尖锐地提出批评，但目的是增强这些行业的实力。政客是具有专门知识的商人。当某些其他行业的商人学会政治交易，他就成为政客，在他身上没有多少改变。想一想美国参议院吧，相信我。

商业精神的实质是利润，不是爱国主义；是信誉，不是荣誉；是个人获取财富，不是国家繁荣；是交换和讨价还价，不是原则。“我的生意是神圣不可侵犯的。”这是商人的心里话。“无论什么政策，只要能让我的生意兴隆，那就是好的，必须是好的。无论什么政策，只要妨碍我的生意，那就是错的，一定是错的。行贿是不好的，也就是说，采取这样的做法是不好的行为。但是，如果是生意的需要，我必须这么做，给别人送点钱也就不一定是多么坏的事。”“生意就是生意”这句话不是政治范畴的用语，但是我们的政客却已经抓住了这一点。对行贿行为，他们采取的是相同的观点，只是他们通过表现出对行贿者不屑一顾的样子来保持自尊，何况他们还有代表公平公正的巨大优势。“这么做，也许是错的，”政客会说，“可是，假如一个富商为了办事方便或增加自己已有的巨大财富，主动提出与我做交易，我可以提供力所能及的帮助，为了生活与他妥协。我并没有自称有什么美德，即使是在礼拜日。”至于政府是好是坏，从事商品交易的商人怎么会关心呢？他们只关心根据顾客需求，他们的商品是好是坏。

但是，关于政治商业这一点，希望还是有的，不仅仅是绝望。假如我们的政治领导人中有相当多的政治商人，他们总是会满足我们可能产生的任何需求。而我们所要做的，就是保持稳定的对好政府的需求。在大人物的力量下，全国人民被分成多个党派。对大佬们而言，政党只不过是他们实现腐败目的的工具而已。大佬们使他的政党腐化，但是我们不能助长政党的腐化；行贿者改变他所支持的政党，从一次选举到另一次选举，从一个县到另一个县，从一个城市到另一个城市，但是诚实的投票人绝不可能这样。为什么？因为假如诚实的投票人不比政客和受贿者更关注他们的党派，那么诚实的投票就会起主导作用，而这会是坏事——对受贿而言。完全地服从于夺走我们主权的这种机制是愚蠢的。如果我们将政党留给政客们，不投票赞成政党，也不为某个人投票，而是为市、州和国家投票，我们就会统治政党，以及市、州和国家。如果我们大部分人为承诺更多的候选人投票，或者，如果两党都不太好，我们放弃执政党，一直等到下一次选举，再放弃执政党，那么，商业政治家就会感到急需一个好的政府，而他们能够提供。这个过程大概需要一代人甚至更长的时间才能完成，因为政治家现在真的不知道什么是好的政府，但是形成一个不好的政府也需要同样长的时间，而政治家们知道坏政府是个什么样子。如果政府“运转不良好”，商业政治家们就会提供别样的政府，如果对这个政府的需求稳定，作为很有商业头脑的政客，他们就会“持续提供这样的政府”。

但是，人民需要一个好政府吗？坦慕尼派说人民不需要。人民是诚实的吗？他们比坦慕尼派要好一些吗？人民比商人和政客们要好一些吗？我们腐败的政府究竟还有没有代表性？

许多人在各地四处行走，宣讲教义，希望以这种方式消除美国的邪恶，培养个人良好的品行、纯朴的诚实、勇气和效率，对此罗斯福总统嗤之以鼻。“陈词滥调！”老于世故的人说。陈词滥调？如果我观察的结果是真实的，原原本本地采用罗斯福的改革方案就有可能造成一场革命，从国会到教会，从银行到选区组织，现存的体制就会引发激进和恐怖的震荡，其强度会超过社会主义和无政府主义。那将改变我们所有的一切——不仅仅是我们的邻居，不仅仅是受贿者，而且还有你和我。

不，我们蔑视政治或对政治不屑一顾的做法，恰是我们夸耀经济发展的主要方法，与公共事务中让我们震惊的腐败行为所采用的方法相比，我们自身处理私人事务所采用的方法并没有什么两样。吸引你妻子进入社会的吸引力和盼望别人对你的著作做出正面的评论，这两者之间并没有什么本质上的区别，也等同于安排手下人担任要职、把盗贼弄出监狱、让一个富人的儿子进入公司董事会等做法；工会内部的腐败、银行内部的腐败和政治机器内部的腐败，它们之间也没有什么区别；在信托公司的傀儡董事，和立法机构里的内线成员之间没有区别；萨姆·帕克斯这样的工人领导与约翰·洛克菲勒这样的银行老板、J. P. 摩根这样的铁路大亨、马修·奎伊这样的政治大佬，他们之间同样没有什么本质上的区别。大佬不是政治产物，而是美国制度的产物，产生于缺乏追求自由精神的自由人民当中。

缺乏追求自由的精神就是一个道德上的弱点，正是在这一弱点上，我们却认为自己是最强大的。在礼拜日是好人，而在美国独立日，我们是“非常爱国的人”。我们向看门人行贿，为的是向房主提出我们自己的利益，这与向市议员行贿，希望获得某条街道的做法相比真是小巫见大巫。特准铁路公司在自己经营的线路上采用专利救生装置，这是行贿的根源的一个例子。至于贪污受贿、妓院敲诈、股票掺水，所有这些违法行为有着相同的属性。我们为我们的民主制度、共和形式的政府、大宪法和公正的法律而感到骄傲，这真的让人觉得悲哀。我们是自由的、独立自主的民众，我们自己管理自己，政府是我们的。不过这就是问题的所在。我们要承担责任，而不是由我们的领导人承担，因为我们跟随着他们。他们让我们将对美国的忠诚转变成对某个政党的忠诚；我们委托他们指挥党派，将我们的民主制度转变成专制制度，把我们的共和国家转变成富豪集团统治的国家。我们欺骗我们的政府，我们使我们的领导人掠夺政府，我们让他们用甜言蜜语去哄骗，用小恩小惠的方式使我们失去了自主。真的，他们为我们颁布了严格的法律，但是我们也心甘情愿地让他们通过了恶劣的法律，作为代价，公共财产被放弃；而我们很好的法律却成为领导人压迫我们、欺诈我们的依据。我们能说什么呢？我们破坏了自己的法律，掠夺我们自己的政府，海关的妇女、手里拿着绳子滥用私刑的人、大企业的高管，这些人拿着贿金和回扣。难道行贿受贿、无法无天也是美国精神的一部分吗？

这些不能说吗？还不明显？纽约无所畏惧的地方检察官威廉·特拉弗斯·杰罗姆说："你可以把你想说的任何事情讲给美国人民听。如果你能诚实对待自己，你就能诚实对待美国人民。美国人民不仅能原谅你的直白，也会宽恕你的错误。"这是一个诚实的、有前途的民主主义者的意见，也是他的经验之谈。谁还说过类似的话？当整个社会腐败堕落的时候，谁说过"嘘，别做声"或者"有什么用"或者"一切都好"之类的话？说这些话的是那些受贿者，是懦夫，受贿者的做法鼓舞了懦夫。"加法、除法和沉默"是受贿者的信条。"不能伤害我们的党，要爱惜我们城市的荣誉。"受贿者们叫喊着。独立纪念日演说是贪污受贿的"门面"和"托辞"，那里面没有什么爱国主义，有的只是背叛。这是游戏的一部分。贪污受贿者大声叫嚷，目的是争取人们为"经济繁荣"和"党的事业"而欢呼喝彩，就像拦路强盗大声命令"举起手来"，而在我们挥舞旗帜、高声呼喊时，他们却让旗帜从国家飘向政党，使国家和政党转变为贿赂工厂，"繁荣"变成了制造"一手软牌"的投机风潮，就像华尔街行话说的那样，使上当受骗的人握着掺水股票，而他们则把持着财富。"责备我们，责备任何人，但是赞扬人民。"这样的话，作为政客的忠告，并不是出于对人民的尊重而说出的，而是出于他们对人民的蔑视。就像谄媚小人利用昏庸国王退化的智力，通过这样的奉承，政治大佬、金融大佬和大企业家正在迷惑和愚弄美国公民的权利。而且，同样，他们正在腐化公民的权利。

公民的权利是容易被腐化的。纽约的一个工会成员说："我知道帕克斯在做什么，但是我才不关心呢。他已经给我提高了工资。让他受贿好了！"而费城的一个商户也说过相同的话："政党的领导人也许从这个城市拿去了比他们应当拿的更多的钱，但这并没有让我受到伤害。也许会多收我一点税，但是我承受得了。政党能维持保护性关税，假如降低关税，我的生意就毁了。哪个政党维持那个关税，我就支持哪个政党。"

人民并非是天真无知的。对刊登在报刊杂志上的文章所揭露的事实，他们都是知道的，毫无疑问，对许多观察家来说，那不是什么新鲜事。不过对我来说不是这样。当我打算记叙某些典型城市的腐败体系时，我只是想说明人民是如何被欺骗、被出卖的。但是在研究第一个课题——圣路易斯的腐败时暴露出来的真相就令人吃惊，腐败不仅出现在政治方面，金融、商业、社会领域都有腐败现象。贿赂圈子的枝枝杈杈是那么错综复杂，手法是那么多样，影响又是那么深远，一个人的头脑几乎不可能弄清其中的内幕，即使不知疲倦的检察官约瑟夫·福克也不能把一切都查清楚。

这种状况，在我与克劳德·韦特莫尔共同采编的文章里已经做了预示，但是说得还不够清楚。韦特莫尔先生居住在圣路易斯，他爱护自己城市的名誉，但是这个城市的名声对我的意义却不大。但是当我独自一个人前往明尼阿波利斯时，我可以比较独立地去观察。

关于圣路易斯，我的第一篇文章的题目是“贿赂团伙在圣路易斯的岁月”，尽管“较好的市民”得到了关注，但团伙才是人们的兴趣中心。在“明尼阿波利斯市的耻辱”中，标题就直接点明了真相：这是明尼阿波利斯市的耻辱，不是埃姆斯管理的耻辱，不是团伙的耻辱，而是这座城市，这座城市市民的耻辱。然而，明尼阿波利斯远不像圣路易斯那样恶劣，警察受贿从来不像行贿那样普遍。警察受贿更加令人震惊，它是如此肮脏，以至于不可能牵涉到社会更大的方面。所以我回到圣路易斯，重新审视这整个地区，把人民记在心头，不仅仅关注被抓起来的、被宣布有罪的受贿者。这一次，“贿赂团伙在圣路易斯的岁月”的真正意思搞清楚了。这篇新文章的标题是“圣路易斯的无耻行为”，而这才是整个故事所要讲述的东西。关于匹兹堡的章节，我还是把人民作为主题，尽管那里的市民精神好一些，蔓延于整个社会的社会组织的腐败现象得到了证明。但是直到我来到费城，我才弄懂了普遍腐败的可能性，其严重程度已经达到让我们不得不羞愧地做出忏悔的程度。匹兹堡正适合我在这方面的个案研究。在乡村没有这样的事情，唯一可能的是在辛辛那提。费城当然不仅仅有腐败，还有“被腐败”，而这一点我在文中也讲得很清楚。可是费城把账记在了市民的头上。

限于篇幅，我不太可能利用杂志的版面，来全面评述每个城市的市政府的各个方面，所以，我选择的典型城市在某个方面或某些方面都是最具有特点的。由此，以圣路易斯为例评述受贿；以明尼阿波利斯为例评述警察受贿；以匹兹堡为例评述政治机器和工业机器；而费城，则是那里普遍存在的市民精神的堕落；至于芝加哥，我要说明的是那里的改革；纽约则是模范政府的典型。所有这些事情在这些地方的大部分地区发生着。在圣路易斯，现在和前一阵子有一些改革者，但是如今那里又发生了警察受贿的事。明尼阿波利斯曾经对行贿受贿进行过打击并实行议会改革，但行贿受贿的现象又卷土重来。匹兹堡腐败行为普遍存在，而费城则是一台完美的政治机器。芝加哥的警察用不正当方法谋取钱财，政府行政管理水平低下，商业、工会、社团普遍存在腐败行为。至于纽约，这座大都市也许能够反映出美国各个城市所发生的几乎任何事情，但是多年来，没有哪个市长能像塞思·洛市长那样将城市管理得那么好。

我所选择的有代表性的城市多数都是高度发达的城市。例如，在圣路易斯及邻近的芝加哥寻找有组织的改革；在芝加哥及邻近的明尼阿波利斯寻找贪污受贿行为，这些做法都会是荒谬的。在明尼阿波利斯之后，对芝加哥行政管理的腐败行为的描述更像对前边的重复。也许对每个环境的显著问题进行描述可能不那么公正。但是我为什么要公正？我并不是在评判什么，我自认为我没有这样的能力。我不是为了芝加哥而写芝加哥，而是为了其他一些城市，所以我选择的有警示作用的案例是为了指导其他城市。因此，虽然我永远也完成不了，但至少我从来不会夸大其词。这些文章所涉及的每个人我都是轻描淡写的，低调处理，尤其是状况较为恶劣的地方，因此，尽管每篇文章似乎让其他城市感到震惊，但会让当事城市的市民觉得失望。我在费城的一些朋友，他们知道一些当地的事，还有一些朋友知道我所知道的，所以他们对我的报道都表现出了诧异，认为我写得太少了。圣路易斯的一家报纸说："事实摆在了我们面前，但是我们觉得说得还不够充分。"他说的是真的。在写费城的文章里，我删去了大约两千字，我所掌握的真实情况连一半也没有写出来。我认识一个人，他用了整整三本书的篇幅记录下了费城市政大厅的腐败演变史，这样他还觉得苦恼，觉得还有许多东西没有写出来。你不可能用一本书把已知的美国城市所有的腐败事件写出来。

这一切非常不科学，但是话又说回来，我不是科学家，我是一个新闻记者。我并非冷漠地收集所有的典型事例，然后耐心地进行整理，用作永久保存和实验室分析。我不想保存，我想毁灭这些东西。我的目的不是搞科学研究，而是表现我调查和报道这些事件的勇气。就像前边我说过的，我的意图就是想看一看，令人感到羞耻的事实能否唤醒市民的廉耻之心，能否给美国人的自豪感浇上一盆冷水。我想行动，说服人们。这就是我为什么不是对所有事实都感兴趣，我所寻找的也不是什么新的东西，旧的东西超过了一半。经常有人请我揭露一些被怀疑为可能存在的黑幕内容，我做不到。我为什么应当这么做？揭露未知的事或人不是我的目的。人民，他们要忍受的是什么，他们是如何被愚弄的，他们是如何被廉价收买的，又是如何被高价出卖的，如何那么容易受到恐吓，那么容易因为受到诱导，而去做好事或者坏事——这才是我要采访的内容，所以，只有各个城市的每个人都知道的事实，其他所有城市的每个人都能依据自己对这类事情的认识来确认有可能存在的事实，我认为才有意义。但是，如果个体受到指责的时候，这些事实，尽管有点轻描淡写，总归是要记在罪犯的头上，而且最终可以让人民深切地感受到，他们和他们尊敬的人，还有引导他们的人，具有力量，也有责任。

这就与蛊惑人心的煽动家所发出的警告和规则大相径庭。结果会是什么呢？

约瑟夫·福克以其坚定的信念监察并揭露了圣路易斯的受贿案之后，这里进行了一场竞选。据说，“贿赂团伙在圣路易斯的岁月”一文已经引发了某种公众反对受贿者的情绪，但是与《麦克卢尔杂志》相比，当地报纸需要处理的事情更多。明尼阿波利斯市大陪审团已经揭露、法庭已经审讯、普通陪审团已经宣判那里的受贿者的罪行，之后的选举表明公众舆论已经形成。但是这一场选举被视为最终结局。当我赶到那里时，曾经领导改革运动的那些人都已经“功成身退”了，然而，当他们读完“明尼阿波利斯市的耻辱”之后，他们转身重新投入工作。他们制订了一项计划，以保证市民及时了解情况，继续为建立良好政府而努力奋斗。这些忙碌的、毫无野心的市民，认为这事“需要他们来定”，于是重新承担起他们不受欢迎的市民职责，不过并没有什么怨恨。在一次重要市民参加的会议上，许多人在发言中诚恳地建议，应当“澄清明尼阿波利斯的名誉”，但是有个人站起身来，非常友好而又坚定地说，报刊所发表的文章中所述内容是真实的。这让与会市民感到难以接受，可是真相如此，而且他们也知道这一点。会议就这么结束了。

我返回圣路易斯，重新写出真实情况，并在重写的过程中，尽可能在真相允许的前提下进行抨击。这个时候，我在当地的一些朋友看过稿子之后表现出了惊恐的样子：这篇文章会伤害到福克先生，这篇文章会伤害到人们的利益，这篇文章会引起民众的愤怒，云云。

我说："这正是我希望的。"

那些朋友说："可是，愤怒的情绪会让福克先生和改革垮掉的，这不利于制裁受贿者。"

我责问道："文章的主题是揭露无耻行为，以傲慢人物为抨击目标，暗示这样一个信念——有些人的自尊会被触动，有些耻辱需要清除，这难道还不明显吗？"

太微妙了。所以我回答说，假如他们对这座城市没有充分的信念，我有，假如我错了，那么人们不会对受贿行为感到愤怒，而是会对我的揭露受贿的行为感到愤怒，他们不会惩罚和我的文章没有任何关系的福克先生，而是会惩罚我和《麦克卢尔杂志》。报社的人警告我，他们不会容忍我的文章，他们要对我所说的事例进行反驳。我回敬说，我会让圣路易斯市民在我们之间做出选择。这是真的，这是公正的，圣路易斯的人民以前就曾经表明没有耻辱。现在是一个好机会，看看他们的城市是否有什么耻辱。他们说我是一个傻瓜。"好吧，"我答道，"在过去的岁月里，所有的王国都有傻瓜，而傻瓜被允许告诉人们真相。我愿意为美国人民充当傻瓜这个角色。"文章发表之后果然受到了当地报纸的抵制，福克先生的朋友否定我的报道，福克先生本人则出面为市民辩护。当地有头有脸的市民筹措资金、组织群众集会，高喊"让我们的城市在世界面前恢复正常"。圣路易斯市的市长，一个卓越的人，曾经还帮助过我，也对我的文章进行谴责。受贿团伙希望凭借东部杂志的力量发动进攻，并拉选票。许多市民也在反驳我，文章发表后，20 万个支持"福克和改革"的投票徽章出现在圣路易斯的大街小巷。

不过这些徽章都只是支持“福克和改革”，他们确实证明在“圣路易斯的骄傲”这一点上我的文章是错的，但是他们也证明这种骄傲已被触动。在此之前，没有人确切地知道圣路易斯对这一切的感觉究竟如何。圣路易斯曾举行过一次选举，另一场竞选处在待定状态，而受贿者，抓起来的或就要被抓起来的，都被控制了起来。市民们还没有采取行动驱逐这些人。福克先生出色的工作形成了一个壮观的场面，但是缺少应和者，而且，尽管我采访的人说他们都站在福克先生一边，我也采访了一些贪污受贿者，他们只是诅咒福克，把他们的希望建立在这样一个假定之上，即“一旦福克任期结束，一切都会好起来的”。没有哪个局外人能够在当地的这两种观点之间做出选择。我又如何能够读懂这里人们的心思？我采取了客观对待的态度，从正反两个方面陈述了事实——陪审团的正确裁定和受贿者的狂妄计划。结果呢，真的，那就是圣路易斯不知羞耻的状态应当受到圣路易斯人民的谴责。

圣路易斯人民就是这样看的，无论是在这个城市还是这个城市所在的州，而且他们不再充当旁观者。我的文章促使这里的人们开始认真考虑自尊的问题。谁受到了伤害？不是圣路易斯。从那时起，这个城市决心行动起来，受贿行为似乎注定要受到惩罚，而不是福克先生。此后，福克的州长提名得到了人民的拥护，他们在密苏里州各地成立俱乐部，支持福克先生，并由此确保抓捕到圣路易斯和密苏里州的受贿者。《麦克卢尔杂志》和我本人同样没有受到伤害。后来我又去了一次圣路易斯，曾花钱组织群众集会谴责我的那些人找到我，说我是对的，文章所写的内容是真实的。他们甚至请我“再写一篇”。

也别说，也许还真有机会这么做。福克先生很快揭开了密苏里州的“盖子”，揭露出了许多真相，而密苏里州似乎也时机成熟，适合集会。此外，州、市的受贿者已联手打击人们，阻止人们的行动。具有决定性意义的选举直到 1904 年秋天才得以举行，受贿者则在很大程度上指望浮躁的公众舆论有些变化。但是我相信，密苏里州和圣路易斯市能一道证明人民可以做出裁决——如果他们被唤醒的话。

揭露匹兹堡的文章在匹兹堡却没有产生影响，评论费城的文章在费城也没有任何结果，那里更没有什么可期待的。正如我在文章中说的那样，匹兹堡了解自身的状况，而且也许有能力从一些耻辱事件中脱身，但是费城似乎安于现状，没有什么希望。然而，就像我说过的，事件的报道都是以系列文章写出的，目的真的不是针对所叙述的城市，而是我们所有的城市。最直接的反应并非来自所记叙的地方，而是其他地方，这里存在着类似的恶行，或者说需要我采取类似的行动。所以，芝加哥沉浸于自身的麻烦，觉得研究城市改革没有用处，改革也许应该是别的城市的事，而费城，“堕落和满足于现状”，被其他城市所效仿，其形象似乎已经在各地留下了最为持久的印象。

看得见、摸得着的结果当然很少。这一年工作的实际成功是在很多方面给出了完整的证明，也就是说，无耻是表面性的，在其下面存在着一种骄傲，而这种自豪感一直是真实的，也许能挽救我们。这是真的。一些腐败分子也许会说，你可以到处指责，但是不能指责人民，不能指责人民所居住的城市，而且还会说，只有通过奉承才能打动美国人——他们说的是谎话，他们在为自己说谎。他们也是美国市民，他们同样是人民的成员，他们当中一些人同样也受到耻辱行为的影响。我努力想讲清楚的最大真相，也是福克先生不断坚持揭露的真相：贿赂不是寻常的重罪，而是叛国罪，这里或那里不时爆发的腐败堕落事件并不是对法律的偶尔冒犯，而是持续的冒犯，而且其影响几乎改变了政府的形式，从代表人民利益的政府变成了寡头政治，代表着某些特殊阶层的利益。有些政治家已经看出了事态的严重性，这让他们感到烦恼。我认为，我比任何人都重视自己的体验，就像人们说的，有些受贿的政客被我“烘烤”过五六次。可是事后他们当中却有人来拜访我，其中有一个非常庄重地对我说：

> “你是对的。我从来没有那样想过这个问题，但是你说的没错。我不知道你是否无所不能，但你是对的，完全正确，而我完全错了。我们这些受贿的人都错了。我现在看不出我们如何才能把腐败行为停下来，我看不出我如何才能改变。我想我做不到。是的，我做不到，不仅是现在。但是，你听我说，我也许能帮助你，我会尽力的。你可以获悉我所知道的任何事情。”

因此你会明白，那些现实的政客们并不是那么坏的家伙。我真的希望能讲一些他们的事，诸如他们是如何帮助我的，他们是如何坦诚地、无私地协助我发现真相和了解真相的，而这些真相材料，我曾经告诉过他们，他们也很清楚，是用来反对他们的。如果我能够，也许将来有那么一天，我应表明，我们拥有的最有把握的希望之一，其实是政治家本身。请他们提出好的政策。如果他们给出的政策不好，就惩罚他们；如果给出的政策好，就奖励他们。请政治家为政治埋单。这时有人就会说，你不知道，你不在乎，而且你一定受到了别人的奉承或者愚弄——对此，我说，你错了。我不拍任何人的马屁，我根据我获得的材料陈述事实，我不是因为愤恨，而是因为受到了鼓舞。在“明尼阿波利斯市的耻辱”和“圣路易斯的无耻行为”两篇文章发表之后，我的做法不仅得到了这两个城市市民的赞同，其他城市的市民、个人、团体和组织也向我发来了邀请，好几百封邀请信啊。他们在信中说：“来我们这里吧，我们的情况更糟，来帮助我们揭露一下。”

美国人也许已经失败。我们也许是唯利是图、财迷心窍、自私自利的。我们也许不可能有什么民主，而腐败是不可避免的，但是这些文章，假如证明不了别的什么事情，也毫无疑问地证明我们经得住真理的考验，证明美国市民的性格中存在着一种自豪感，而这种自豪感也许就是国家的力量。所以我的这本书，记录耻辱，也记录自尊，既是不光彩的自供，也是荣誉的宣言，真诚地献给那些被指控的人，献给所有市民，我完全是出于善意的。

1. 贿赂团伙在圣路易斯的岁月

圣路易斯，从其面积上看是美国第四大城市，如今正在向世界宣告：第一，这里是管理最差的一座城市；第二，他们希望所有的人都来这里参加世界博览会，并在这里观光旅游。其实，圣路易斯并不是管理最差的城市，费城才是。但是，如果我们把其内部的事情讲出来，圣路易斯这座城市是值得我们深入观察的。

那里有一个人在工作，一个人，完全独立地工作着，他就是（地区/州）地方检察官，他“承担起了自己的职责”。这也正是数千名地区律师和公务人员承诺应做的，或者为此而自夸的事情。这个人很讲究实际，头脑清楚，嘴唇很薄，嘴角分明，个子不高，话也不多，而且说话时从不提高嗓门，喜欢把事情做在前面，眼睛里带有微笑，但下巴是紧绷的，他说的最简单的话就是“我能做到”。那些请他参加竞选的政客和有名望的市民在遭到他的拒绝时，一再试图说服他。他表示如果当选，他就不得不尽职尽责，他们说：“那是当然。”于是他参加了竞选，并且在这些人的支持下竞选成功。可是如今，支持他的这些政客中一些人被判入狱，一些人则跑到了墨西哥。地方检察官发现自己的职责就是抓捕和证明罪犯有罪，而最大的犯罪分子恰恰是那些政客和重要市民当中的一些人，于是就展开调查。虽然他取得了辉煌战果，但是政治家们宣称这不是政治。

圣路易斯的腐败源自上层。最出色的市民——实业家和金融家——控制着这座城市，而且他们经营得不错。他们决心超过芝加哥。这两座城市之间的商战和企业竞争，一度是一道独特的风景。这富有戏剧性的场面，也只有在美国才能目睹到。实业家不仅仅是商人，而政治家也不仅仅是贪污受贿之人，这两类市民勾结在一起，他们操纵着手里的权力，控制着银行、铁路、工厂，在城市里享有很高的声望，并能利用这里人们的主要倾向获取商业资源和赢得人心。这是一场不相上下的比赛。芝加哥已经率先启动，并总是处于领跑的位置，但是圣路易斯则具有勇气、智慧和巨大的能量，给芝加哥造成了很大的压力。从城市的环境和政府层面讲，圣路易斯已经超越过去，而且有些人认为圣路易斯已经赢了。但是变化出现了。公共精神变成了私人的性情，公共事业心变成了私人贪欲。

大约在 1890 年，圣路易斯的人们开始追逐公共特许权和其他特权，不是为了获取合法利润和为公共事业提供便利，而是为了掠夺钱财。只要能在公共委员会上获得一点儿利益，大人物们就会滥用权术和策略。那些社会地痞，凭借着他们的嗅觉捕捉腐败的气味，闯进市议会，驱赶走仅存的那些受人尊重的议员，然后将城市——城市的交通、码头、市场，以及城市其他所有的资源——卖给了贪婪的实业家、商人和行贿者。换句话说，当重要人物开始吞食自己的城市时，民众也闯入了进来，在这个槽子里分吃一点他们能获得的食物。

于是逐渐出现了这种情况：正是这些吞食自己城市的市民，几乎没有意识到这一点。到了圣路易斯你会发现他们身上的那种公民自豪感，他们仍然习惯于吹牛说大话。他们会告诉你这里的居民有多么富裕，银行的资金有多么充盈，这里的工业有多么重要，然而你看到的可能是低洼不平、不堪重负的街路，肮脏泥泞的小巷；你会路过一处破败的、挤满了病人的楼房，并获知这是一所市立医院；你走进法院大楼，你的鼻孔闻到的是用作消毒剂的甲醛味道，四处洒下的杀虫粉是用来灭虫子的；你前往新盖的市政厅拜访，发现一半以上的入口被松木板子封闭，以遮挡尚未完工的内部装修；最后，你扭开旅馆的水龙头，结果却看到像是泥浆的水流进洗脸盆或者浴缸里。

圣路易斯的法律授予市议会很大范围的立法权，而这个市议会是由一个参议院和一个下议院组成的。福克先生的大陪审团中的一个成员对此做过如下的描述：

> “我们面对的许多人曾经是，其中多数到现在仍然是下议院的议员。我们发现他们当中有些人几乎没有受过什么教育，缺乏普通的学识，无法给出更好的理由支持或反对某一项提案，也不能按照大多数人的愿望行使权利。在一些议员身上，你找不到意识或者美德的踪迹；在另一些议员身上，你能看出他们素质极差，行为卑鄙，处事狡诈，骨子里透出那种卑躬屈膝的奴才相，还有他们肮脏的欲望。他们没有能力对民众生活的普通需求做出反应，所以根本没有能力理解一项法令或条例的重要意义。而且，无论是从秉性还是素养方面来讲，他们承担不起法律制定者

的职责。选择这样一些人来立法简直是对法律公正性的扭曲，而把钱奖给这些无用的人就是故意从源头上毒害法律。”

这些人被很好地组织到一起。他们形成了一个“联席会”——一个立法机构，对此大陪审团曾经做过如下描述：

“我们的调查表明，在差不多整整十年的时间里，如果不向立法者送去他们索要的钱，那些有利于不法商人谋取特许权或经营权的法令或条例，就几乎不可能获得通过，极少有例外。市议会两大部门的组成人员在人数上足以控制立法。‘联席会’的一位成员得到授权，代表联席会行使权力。他负责收受钱款，并依据对某项未决议案投赞成票或者反对票的价格与每个成员协商，然后进行分配。自从这种做法存在以来，‘联席会’成员们就把如此得到的钱看作立法者正当的额外补贴。”

有一个立法者向律师咨询，打算起诉一家公司，以便弥补因批准某个项目而欠下的未付好处费损失。不过这样的麻烦事很少发生。为了保证能按期拿到没有争议的收入，联席会的各个机构会拟定一份进程表，为各种可能的拨款划定贿赂价格，就像旅行推销员可以在路上随时拿出来查看的清单。粮库的修建、铁路侧线的铺设，这些都是有价码的；侧线的好处费按英尺计算，但是价格还会因路基的土质情况不同出现变动；街路改造需要花费大量的钱；码头泊位则依照分类，有着不同的、精确的估价。正如有了有利于立法的衡量标准，当然也就有了废除某项法令的标准。如果出现有人反对的情况，就会对定价产生影响，所谋取的特权是否合法也会区别对待。但是，不管是批准还是废除哪项法令，都不会是免费的。议员中有许多人开办酒店舞厅——在圣路易斯，有个恶作剧的人花钱雇了一个小男孩跑进参议院的会议室里，大声喊道："先生，你家的酒店着火啦！"结果会议室顿时几乎空无一人。但是，即使附近地区的酒店老板也得交钱，以便保住自己的地盘，方便做生意，否则的话，就会因客流不足而受到损失。

索贿之风从市议会蔓延到各个部门。他们向商贩发放许可证时收费，准许市民在街上树立雨篷时收费，同意某人占道存放货物时收费，但是他们收取的钱超过了法律规定的额度，而多收的钱就装进了他们的口袋。市里的钱以较高的利率贷了出去，而赚取的收益则被转存到了私人银行账户。城市马车成了市府官员的妻子和孩子的专用车。为公共机构供应的食品出现在私人家里的餐桌上；为救济院提供的食品明细账上竟然还包括加利福尼亚果冻、进口奶酪和法国红酒！一位议员促使一家副食品公司与另一家公司合并，而后者的名义股东就是议员的儿子和女儿，他还成功地出价买下了全市的食品供应权，尽管出价超过了他的竞争对手。作为对所获好处的回报，他签署支持另一位议员获得独家承担全市印制品的合同，而这两位议员联手对一项议案投赞成票，致使第三位议员获得授权，独家向全市各个药房供应药品。

为了能进入议会，人们开始负债，有的人甚至欠下了数万美元。一天晚上，一位新当选的议员乘坐有轨电车前往市政厅，他说，刚才交给司机的车费是他兜里剩下的最后五美分。可是第二天，他就去银行存入了 5 000 美元。参议院的一位议员向大陪审团坦白，他一年从联席会那里拿到的纯红利就有 25 000 美元；一位市议员也承认，他因对一项议案投了赞成票就得到了 5 000 美元的好处费。

行贿和受贿成了家常便饭。一天晚上，有个记者在市政厅的走廊里偶然听到了这样一段对话：

“那边，我的受贿者!”一位下议院成员说。

“站住，我的受贿者!”一位参议院成员说，“你能不能借我 100 美元用一两天?”

“现在不行。不过，如果 Z 法案今晚能通过，稍后你在老地方那里等我。”

“好吧，你这个惯犯，我会去的。”

1898 年、1899 年和 1900 年是最黑暗的三年。外国公司进入该市，加入到掠夺财富的行列当中。而当地工业因不断受到敲诈勒索而被逐出。价值高达数百万美元的特许权和经销权被授予出去，可是这些公司并没有花一分钱现金，只是承诺将来会按照条款支付很小的一笔钱。拒绝向敲诈勒索者交钱的几家公司不得不离开这里；市民们越来越明目张胆地掠夺；工资条上填上了不存在的人的名字；改善民生的工作没有人理会，市政工程的钱却被揣进了受贿者的腰包。

一些报纸表示抗议，公正的市民感到恐慌，精明的人发出警告，但是他们谁也不敢进行有效的抵抗。腐败分子的后面是有钱的人和有社会地位的人。由于这些人已经得到了某些特权，他们一定会支持和保护抢劫者。大量受到阴谋活动伤害的人往往顺从地默默忍受，生怕自己的生意做不下去。有些人，他们的公正和诚实本来不容置疑，他们是负责任的人和可信任的人，其中有些还是教友和读经班的老师。这些人事实上也开始敲诈勒索起他人，而他们的借口是大家都这么做，如果他们独善其身，他们就会自取灭亡。整个体制通过滥发许可和营造繁荣景象而变得宽松，如同当年纽约的特威德集团那样疯狂，同样也是不堪一击的。

接着，没有预料到的事情发生了——一个意外事件。圣路易斯的人民虽然没有奋起反抗，但是他们的心是不安宁的、躁动的；民主党领导人希望获得一些独立选票，他们决定呼吁“改革”，并提出了一位与以前政党有非常不同的主张的候选人，以便让他们的纲领显得更加可信。这些领导人并不真挚。在这座城市里两大党的区别也很小，但是执政党的恶棍已经捞取了战利品的较大份额，而在野党也想发点外财。“贿赂”不是问题，贿赂不会被揭露，也没有受到恐吓，大佬们期待能控制推选他们的人民。只是作为整个游戏的一部分，民主党提出了“改革”和“不再需要齐格恩海因主义”的口号。

齐格恩海因市长，常被人称为“亨利大叔”，是一位“和蔼可亲的人”和“合群的人”。尽管正是在他执政期间这座城市的管理机构变得堕落，开始腐烂，他的政敌也只是对其没有能力、玩忽职守的行为有所议论罢了，再就是喜欢一遍又一遍地讲述这样一段趣闻——许多市民抱怨一些街道的路灯不亮，而这位市长则答复道：“不是还有月亮吗?”

当有人提名约瑟夫·福克任地方检察官时，领导者们爽快地接受了他。他们对福克这个人了解其实并不多。福克年纪不大，是田纳西州人，曾担任杰斐逊俱乐部主席，并在1898年仲裁铁路罢工事件。但是福克不愿意接受提名。他是民事律师，从未参与过刑事案件的审理，对此也不关心，为公司担任法律顾问能有相当丰厚的收入，这更能引起他的兴趣。他拒绝了邀请。委员会一次又一次给他打电话，强烈要求福克多多考虑自己对政党和对这个城市的责任，等等。

“好吧，”福克最终说道，“我愿意接受提名，但是一旦我当选，我就要履行自己的职责。如果法律要求我惩罚违法者，那就不要试图对我施加影响，妨碍我执法。”

委员会依照惯例为候选人说了一大堆好话。在他们的大力推荐下，民主党候选人当选，福克成为密苏里州第八地区检察官。

宣誓就职后的第三周，福克的竞选承诺开始经受考验。针对当时选举活动中出现的舞弊行为，他开展了一系列抓捕行动，指控一些人非法登记选民，其中有共和党人，也有民主党人。福克先生按常规的普通刑事案件的程序将他们一一逮捕。政治大佬们急忙出面相救。他们提醒福克要为政党的声誉负责，并告诉福克，民主党的领导人期待他能站在党派的立场上去理解法律，重复投票者和其他一些在选举中有违法行为的人曾经为民主党摇旗呐喊，而且还帮助过福克当上地区检察官，对这些人，福克应设法免于起诉或者尽可能以最低程度做出惩罚。福克这位年轻的律师是怎么回答的呢？那就最好听听爱德华·巴特勒上校的话吧。这位经验丰富的政治领导人出面去找福克谈，出来的时候怒不可遏地喊道：“这个该死的家伙！他不就是个检察官嘛，还以为自己能掌控一切呢？”

选举舞弊案很快就交由法院审理，没有宽容民主党人，也没有宽容共和党人。在冬季来临之前，政治头目的一些走卒、一些老资格的政党工作者站在了法庭的被告席上。接着，福克把注意力集中在受贿者和假担保人身上，他们很快成了法庭的常客，其中一些人一直被关押在监狱里。福克的行动搅了这些人的生意。但是福克并没有就此罢手。

1903 年 1 月的一天午后，人称“红头发的加尔文”的报社记者撰写的专栏文章，引起了福克的注意。这篇报道不长，大意是：为了确保轨道交通法案获得通过，有人将一大笔钱存入银行，作为向某些议员行贿的资金。文章没有提到存钱人的姓名，但是加尔文猜测这笔钱是城郊轨道交通公司存放的。一小时后，福克先生列出了近 100 人的名单，派人送给警长，指示他立即传唤名单上的人到庭接受大陪审团讯问。这些人包括参议院成员、下议院成员、城郊轨道交通公司高管、银行行长和司库。在三天的时间里，调查行动热火朝天地开展，可是圣路易斯人民对此不屑一顾，认为这是一个“大笑话”，因为类似的调查以前就有人尝试过。那些被传唤到庭接受大陪审团讯问的人坐在法院前厅的休息室里，不断地说着笑话，而报纸对此的报道也是轻描淡写，根本没当回事。

在最初的日子里，由于检察官福克对此案所知甚少，能够了解到的情况也很有限，所以调查没有取得什么进展。但是，福克说既然已经看到了这里或那里冒出来的烟，他就决心找到火源。这可不是一件容易的事。打开这样一个犯罪体系的突破口总是很困难的。除了勇气和个人信念，福克先生并不掌握任何确凿的证据。他下令发出强制性传票，传唤城郊轨道交通公司董事长查尔斯·特纳和菲利普·斯托克立即赶到大陪审团会议室。福克认定斯托克是阴谋家利益集团的代表和这场交易的立法代理人。

“先生们，”福克说，“我有足够的证据拘捕你们，并向法院送交起诉书，控告你们犯有行贿罪，而且我以最严重的程度起诉你们，把你们送进监狱，除非你们能向大陪审团彻底交代你们是如何利用行贿的方式来使第 44 号法案获得通过的。我给你们三天时间考虑。假如到时候你们没有回到这里，向我们讲清楚整个事情的经过，我就下令逮捕你们。”

两个人看了看年轻无畏的检察官，一句话也没有说就离开了法院大楼。福克等待着。两天后，前州长查尔斯·约翰逊，一位经验丰富的刑事律师，找上门来，说他的委托人斯托克先生病了，无法出庭面对大陪审团。

“斯托克先生病了，我真的很难过。可是他必须来，这是强制性的。如果天黑之前他不露面，他就会被逮捕。”

那天晚上，约翰逊办公室里举行了一次会议，第二天城郊轨道交通公司老板、百万富翁查尔斯·特纳就在大陪审团会议室讲述了整个事件，而菲利普·斯托克这个善于交际的中间人对此做了证实和确认。原来，城郊轨道交通公司担心会被卖给自己唯一的竞争对手圣路易斯运输公司，从而使之获得较大利益，便提议起草一份法案，这就是第 44 号法案。特纳谋划并炮制了这份文件。此法案可获得的政府补贴金数额相当可观，特纳在公司的一次秘密会议上告诉高管们，如果能借助法律手段取得成功，公司的资产价值就会从 300 万美元提高到 600 万美元。提案交上去后，特纳去拜访了巴特勒上校，因为这个人一直被认为是立法机构的代理人。特纳请求巴特勒帮忙让法案获得通过，并请他开价。巴特勒答道：“145 000 美元，这是我的价格。”特纳没有同意，认为这个价格太高，说要再考虑一下。后来他找到了一个要价便宜的中间人斯托克先生。斯托克与下议院联席会的一个代表协商后，向特纳报告说打点这里的贿赂资金怎么也得 75 000 美元。特纳先生提交了一份票据，并让公司里他所信任的两个董事做了背书，以此为抵押从德意志美国储蓄银行拿到了一笔贷款。

口袋里有了钱，立法机构的代理人便给下议院联席会代表约翰·默雷尔打电话，约他在林肯信托公司的办公室见面。在那里，两个人租用了一个保险箱。斯托克先生将 75 000 美元放了进去，并与默雷尔在一份协议上分别签字，说好只有他们两个人都在场才可以打开保险箱。当然了，银行的交易日记账没有说明这笔资金的用途。斯托克与默雷尔达成的共识是，一旦提案变成法令，默雷尔就可以马上提取 75 000 美元，并由他分发给联席会的代表们。斯托克转身又去找了参议院。根据他的报告，如果想确保议案获得通过，另外需要 60 000 美元。这些钱被存放在密西西比谷信托公司的保险箱，钥匙则交给参议院联席会代表查尔斯·克拉茨保管。

一切似乎进展顺利，可是将这些钱交由第三方保管的几个星期之后，斯托克先生向雇主报告说，由于埃米尔·梅森伯格的插手，事情遇到了意想不到的障碍。梅森伯格是轨道交通委员会成员，他阻止了提案的提交。斯托克先生说，梅森伯格持有一家破产公司的股票，已经不值钱了，希望斯托克能按票面价格以 9 000 美元买下。特纳先生给了斯托克 9 000 美元，让他把这些股票买了下来。

这样，为了能使 44 号法案获得通过，城郊轨道交通公司承诺拿出的钱已经达到了 144 000 美元，只比起初政治大佬巴特勒向特纳索要的钱少了 1 000 美元。不管怎样，法案在下议院和参议院的会议上均获得通过。宣誓忠于职守的城市公仆们完成了他们的“工作”，伸手去拿贿赂金。

接着，法院授权阻止城郊轨道交通公司通过收买投票人而获益。法院的举动让特纳感到恼怒，下令任何人都不准动保险箱。行贿者和受贿者之间的战斗打响了。受贿者采用各种策略和手段，希望以此镇住城郊轨道交通公司的人，迫使他们屈服，如将行贿的事公开曝光、为即将到来的起诉制造谣言。这是福克先生看到并使他行动起来的第一个调查项目。

当特纳和斯托克两位先生在大陪审团会议室坦白了他们行贿的详细情况后，检察官福克感觉自己已经掌握了重大犯罪的证言证据，现在他需要的是物证，证明有两笔巨款分别存放在西部两家较大银行机构地下室的保险箱里。这些钱是否被收回了？如果钱还在，他能否拿到？银行保险箱总是被认为神圣不可侵犯的，只有通过法律手段才能打开。“我一直相信这样一个事实，”福克先生说，“从来没有做过的事并不意味着不能做。”既然这样，事关重大，他决定采取非常规行动，所以他挑选了一位大陪审团成员与他一起来到银行。他告诉银行老板，也是他的一个私人朋友，他掌握着证据，请银行老板允许搜查贿赂资金。

“这不可能，”银行老板说，“我们的规定不允许任何人拥有这样的权利。”

“先生……”福克说，“已经有人犯罪，而你藏匿着罪犯的重要物证。我以密苏里州的名义命令你带我们去地下室，打开保险箱。如果你拒绝，我会向你发出拘捕令，控告你犯有同谋罪。”

几分钟过去了，屋子里的人谁也不说话。这时，银行老板以几乎让人听不到的声音说道：“给我一点时间，先生们。打开保险箱之前，我必须先与我们的法律顾问商议一下。”

“那我们就等十分钟，”福克检察官说，“十分钟后我们必须进入地下室，否则的话，你就等着拘捕令吧。”

时间到了，大家一脸严肃地从银行老板的办公室出来，走向地下室的金库——银行老板走在最前面，后面依次跟着司库、法律顾问、大陪审团成员、检察官。当钥匙插入锁孔，在场的人都急切地弯下腰。铁盒子里，一卷用棕色纸包裹的东西露了出来。检察官扯下橡皮筋，大面额的钞票展现在他们面前。经过清点，数目是 75 000 美元！

贿赂资金被放回保险箱。他们警告银行工作人员，在法院做出判决之前，银行必须负责保管这笔钱。接着，检察官又带人来到了另一家银行，在这里他们遇到了更大的阻挠。发出拘捕令的威胁在这里并没有马上起到作用，但是看到福克转身离去，前往法院大楼，银行老板才慌了神，赶紧派人把检察官叫了回来，于是第二个保险箱也被打开，从里面找到了 60 000 美元。证据全部拿到手了。

从那一刻起，调查有了快速的进展。依据法院拘票，下议院和参议院联席会的所谓代表约翰·默雷尔和查尔斯·克拉茨被捕，并处以重刑。克拉茨被捕时正在召开一个会，制定着自己竞选国会议员的计划；默雷尔则是从他经营的公司里被带走的。百万富翁埃米尔·梅森伯格这个经纪人被抓的时候正坐在自己的办公室里，一名副警长带人闯了进去，向他宣读了拘捕令，以行贿罪将他铐了起来。亨利·尼古拉斯接到传票时正坐在自己的办公室里，这位富有的阴谋家不得不找人担保，避免了在监狱里度过一夜。埃利斯·温赖特这个百万富翁，圣路易斯阴谋集团的经营者，同样被揭发出来，而这一消息很快通过电波传到埃及首都开罗。下议院议员朱利叶斯·莱曼，就是那位在大陪审团会议室候见厅里肆意开着玩笑的家伙，现在可笑不出来了。副警长在他的肩膀上拍了一下，说道："你被指控犯有伪证罪。"莱曼与另一个开玩笑的家伙哈里·福克纳一起站到了被告席上。

贿赂团伙里的人个个惊慌失措。一些人连夜坐火车跑到其他州或国外，不过多数人没有走，凑在一起商议对策。第一批起诉状返回后的 24 小时内，行贿者和受贿者在圣路易斯南部开会。与会者的财富总额达到了 3 千万美元，而他们联手形成的政治势力在通常情况下，足以操纵圣路易斯市的任何选举活动。

这一巨大力量结成同盟来对抗福克先生一个人，而这个人现在还是孤军奋战。还没等更多的起诉状返回，提供资金的腐败分子们已经聚集在了一起，即使在这个时候，多数人还是隐匿了自己的真实身份。财务主管詹姆斯·布莱尔在法庭上证实，这些人是担心被别人知道，那样就"毁了他们的生意"。

在腐败分子召开的会议上，三项行动计划得到了确定：第一，政治领导人负责对付检察官，要么允诺将来在个人前途上给予好处，要么采用恐吓手段；第二，侦探们负责搜集检察官过去是否有什么劣迹，从中找到打压检察官的材料；第三，把证人们送到城外，给他们一些钱，让他们在外边躲起来，等到大陪审团休会时再回来。

福克先生立即感觉到了压力，压力之大足以让他心惊。政客、律师、商人、俱乐部会员、教会人员——这么说吧，各行各业的精英——纷纷来到他的办公室或去他家拜访，敦促他停止与市民对立的行动。如果他能顺从，就答应给他政治特权；如果他抵制，就把他埋进政治坟墓。接踵而来的是一些恐吓信，扬言他们准备进行谋杀活动，或者组织流氓恶棍上街闹事，损毁他的形象。田纳西州那边也传过话来，说侦探正在那里调查福克过去的生活往事。福克先生告诉政客们，他个人并不寻求得到政治施舍，也不盼望日后能有机会升职，他公开抵制另一些人的诱惑或恐吓。与此同时，他更加深入地揭开这个城市的一个个疮疤。一炮打响给他带来了声望，加上受贿者内部乱作一团，福克很快趁机使这伙人相互猜疑，相互背叛，让他们稍微感觉到危险的迹象就会来他这里“告密”，或者向他提供揭发材料。有一位参议员接受严格盘问时惊慌失措，紧张得浑身颤抖，假牙掉到了地上都没有顾得上拾起来。询问一结束，他就飞快地走出会议室，直接去火车站上车跑了。

没过多久，福克先生开始彻底梳理腐败集团内部十年来所形成的亲密关系，尤其是北部和南部的商业，以及交通运输总公司特许经营权授权的交易情况。与城郊轨道交通公司相比，交通运输总公司的做法甚至更加恶劣，更加不公平。

1898 年，一位“发起人”在绅士酒店租用了新婚夫妇套房，里面装满了各种名牌红酒、白酒和雪茄，后来在一次大会期间，这里成了类似于候选人总部的地方。这位“发起人”寻找一切可能的机会结交立法机构成员和议员，以及对市政府主要成员有影响力的政治头目。这个人到来两个星期之后，交通运输总公司议案“应其请求”被提交议会审议。这项议案含有一揽子特许经营权，授予其线路开通，并允许受益人在市内平行铺设任何一条轨道，而许多成立已久的公司从未获得过这样的优惠。尽管市里各大报纸纷纷抗议，这项议案在下议院和参议院还是都获得了通过，只是有一个人——市长行使了否决权。此时“发起人”已花费了 145 000 美元。

为了推翻市长的否决而使议案获得通过，交通运输总公司的人做了许多准备。新婚夫妇套房重新装进了名贵礼物，大笔的资金被存入银行，为交通运输总公司服务的三名立法机构代理人也物色好了。圣路易斯法庭现在掌握的详细证据列出了 250 000 美元贿赂资金的使用情况。证人的证词证明，75 000 美元被用在下议院。余下的钱被分发给参议院的一些成员，这些人尽管人数不多，但由于在商界和社交界有着很高的地位，而且十分看重自己的名誉，所以索要的价格也高。最后，为了达到在参议院获得所规定的 2/3 票数，他们还需要一张票。为了确保通过，在法案被提交进行最后表决时获得赞成票，他们给了一位以诚实廉洁闻名的参议院议员 50 000 美元。但是“发起人”不想把宝押在一个人的票上，所以他向另一个诚实的议会成员开出了条件，而这个人接受了：

“你在唱名投票时跟在某先生后面，我将把 45 000 美元交到你儿子手上。如果某先生没有遵守自己的承诺，而你一定要投赞成票，这笔钱就是你的。但是如果那位先生遵守了他的承诺，你就可以投反对票，不过钱你得归还给我。”

那天傍晚，当议案就要宣读完毕时，市政厅里挤满了政客的走卒和随从。这些人是“发起人”按每人 5 美元或 10 美元的价钱雇来的，让他们为那个受贿的议员呐喊鼓气。议案迅速地在下议院获得通过，所有人都涌进了参议院。唱名投票开始后，会议室里是一片深沉的寂静，因为大家都知道，参议院有些议员的名声还没有被玷污过，但是当天晚上却要信守承诺，舍弃自己的名誉。当票数还未达到 2/3 时，那些一直在计算着票数的人知道，就差一张票了。又一个人的名字被喊了出来。被叫到名字的人脸一阵子红，一阵子白，迟疑了一会儿才小声说道“赞成”！会议室里死一般寂静，所以在场的人都听到了他的声音，而那些离得近的人还听到了另一个人如释重负的叹气声，因为他这个时候可以投“否决”票从而保住自己的名声了。

越过市长的否决，交通运输总公司特许经营权议案成为了法律。为了确保此项法案通过，“发起人”花费了差不多 300 000 美元。但是不到一个星期，他把自己的线路权转手卖给了“东部资本家”，获得了 1 250 000 美元。联合铁道公司随之成立。没有一寸铁轨，没有一块车厢木板，他们却能迫使圣路易斯市除城郊轨道交通公司之外每个拥有轨道交通线路权的公司卖出股份，交出经营权，同意合并。现在的圣路易斯交通公司就是这么发展起来的。

此次立法会议之后又发生了几件事情。在议会休会期间，“发起人”拿出 50 000 美元在一家豪华饭店款待市议会议员。宴席上，主人对他的客人说：“希望你能借我 50 000 美元，明天还你。外边有许多伙计我还没有付钱给他们。”钱就这样转手了。第二天，一直没有等到“发起人”出现，借出钱的市议会议员先生带上一支左轮手枪，开始在一些宾馆寻找。找遍了整个圣路易斯城也没有找到，可是这位愤怒的先生并没有就此罢手，他继续寻找，终于在纽约市一家豪华宾馆的走廊里堵住了“发起人”。这个纽约人见势不妙，赶紧上前抓住市议会议员的胳膊，抚慰地说道：“算啦，算啦，不要这个样子嘛。我是有事才突然离开的。来吧，我们一起吃晚饭。我会把钱还给你。”

市议会议员先生接受了邀请，两个人的酒杯倒上了香槟酒。当来自西部的这个人变得非常伤感时，“发起人”递给他一封信，这是他趁离开酒桌的几分钟，由他口述，让打字员打出来的。信中的声明否认了所有的贿赂行为。

“发起人”说：“你在这上面签个字，我会给你 5 000 美元。拒绝的话，你一分钱也拿不到。”那个圣路易斯人带着 5 000 美元回家，这件事就此了结。

不过在此期间，“发起人”与其他受贿者的关系处理得就没有这么好了。根据前面提到过的协议条款，如果那位市议会议员不必非得投下赞成票，他的儿子就应当按照约定退回 45 000 美元。议案通过第二天，“发起人”找到了那个年轻人，让他把钱退回来。

那个儿子冷冷地反驳道：“我不想把钱退给你。我妈妈说了，这是行贿的钱，无论是退给你还是交给我父亲都是错的，所以还是由我拿着好了。”他说到做到。当他被传唤到大陪审团面前时，年轻人请求，如果回答质询，是否可以解除他的罪责。他说：“我担心自己可能犯有伪证罪。”有陪审员劝告道：“说出实情，你不会有什么风险的。”

那个儿子说：“假如福克先生告诉我其他家伙都已做了证实，我会说出真相。请福克先生先说。”

交通运输总公司议案的调查结果导致又发出了两份起诉书，法院拘票落到了罗伯特·斯奈德和乔治·科布希头上。州检察院指控斯奈德为议案发起人之一，断定他犯有行贿罪，而身为有轨电车制造公司董事长的科布希则被指控犯有伪证罪。

审理的第一个案子是埃米尔·梅森伯格案。这位百万富翁强迫城郊轨道交通公司的人购买他的没有什么价值的股票。为他辩护的是三位在刑法领域享有盛誉的律师，但是年轻的检察官同样有能力对付紧急局面，终于以确凿的证据判定埃米尔·梅森伯格有罪，入狱服刑三年。查尔斯·克拉茨，议会候补议员，因外逃丧失了 40 000 美元，而约翰·默雷尔也不见了。福克先生追查到默雷尔躲在墨西哥，并在瓜达拉哈拉将他逮捕。尽管与当地有关部门关于引渡事宜的谈判开始时没有获得成功，福克一再努力地坚持进行协商，终于将默雷尔带回美国受审。1903 年 9 月 8 日，默雷尔的供词直接导致市议会 18 名成员被控有罪。第二个审理的是朱利叶斯·莱曼案，他被判服苦役两年。这位当初带领一伙人在大陪审团候见室起哄的家伙，如果听到这个宣判，而且发现没有一个朋友站在他这一边，准保会昏倒在地。

除了给这些人和其他一些在社会上地位较高的人定了罪，还有一些人外逃，合作伙伴关系土崩瓦解，一些公司不得不进行重组，许多商行纷纷关门，因为老板已经不来了，但是福克先生并没有因为获得了成功或是受到了挫折而就此罢手，而是继续深入地开展自己的调查。他没有被胜利冲昏头脑。他没有感到悲伤。福克检察官仍然迅速地、坚定地、面带微笑地坚持自己的工作，无所畏惧，无所顾忌。恐慌的气氛蔓延开来，犯罪团伙全面溃败。

当另一个大陪审团宣誓后开始听取证词时，有数十人举起手来喊道："是我的过失，我应负责！"并恳求允许他们说出自己所知道的一切，以此求得免于起诉。询问的范围进一步扩大。有人告发，前任市长的儿子在担任父亲的私人秘书期间滥用职权，胡作非为，于是大陪审团提议，前市长应该在民事法庭受到起诉，以便收回他装进自己口袋里的公款利息。依据陪审团签署的一项项正式起诉状，更多的议员被抓了起来，罪名是签订非法合同。最后，斧子砍向了林子里最大的一棵树——巴特勒上校，这位控制圣路易斯选举多年的首领，一位从铁匠铺里拉风箱的小伙计成长起来的大富翁，也是密苏里州州长的制造者和操纵者，也是举荐并帮助福克当选的主要人物之一，同样被指控犯有两项受贿罪。人们很早就知道，巴特勒一直控制着圣路易斯的立法机构。通常认为，许多宣誓就职的议员早在进入州众议院之前就是巴特勒的人，所以巴特勒并不需要为选票付钱。公开受贿现在已经是确凿无疑的指控。卫生部门的两位官员在法庭上证实，为了让他们批准一份垃圾处理合同，巴特勒曾给了他们 2 500 美元。

令人感到悲哀？是的，但也很典型。其他城市如今的状况与福克先生应邀调查腐败问题之前的圣路易斯完全相同。芝加哥正在进行自我清理，明尼阿波利斯也是如此，而匹兹堡最近则冒出了一桩贿赂丑闻，波士顿目前处于平静状态，辛辛那提和圣保罗感到满意，而费城则对世界上最糟糕的政府感到愉快。至于那些小一些的城镇，多数人都在为掠夺战利品而忙得团团转。

其实，尽管出现了这样令人感到耻辱的事，圣路易斯仍然具有极大的优势。这种优势后来得到了展示。在市民自甘堕落腐败之前，这座城市并没有一次次进行革新，染上什么坏的风气。但是，最好的是，把圣路易斯翻了个底朝天的人，可以说是把整个事情颠倒过来了。在所有的城市，较好的阶层——商人们——是腐败的根源。但是这些商人的行为很少被人追踪或查获，所以当麻烦出现时，我们并没有完全意识到是怎么回事。因此，大多数市民往往指责政客和那些无知而邪恶的穷人。

福克先生已经向圣路易斯展示了这座城市的罪恶之源，就是那些披着银行家、经纪人、企业管理者这样外衣的实业家和商人，所以从一开始就该让人们知道市政问题的真实情况。利用公众精神这一传统也许可以打倒巴特勒，以及逃跑的银行家、经纪人和阴谋家，不必顾忌，或者说不用在乎蓝皮书、红皮书和教堂注册簿记录的上百位名人，因为他们隐藏在法律难以触及的阴暗面之中。这座城市也许可以恢复好的政府，不然的话，福克先生揭露出来的腐败现象，其结果只能是腐败体系的完善，因为贪赃舞弊的人有了教训，而市民们却不会接受教训。纽约贿赂团伙体系的垮台让坦慕尼派学会了组建其贿赂交易；对警察的揭露则促使他们学会了如何改进敲诈勒索的方法和手段。坦慕尼派和警察体系现在几乎可以说是完善的和安全的，圣路易斯的流氓和无赖也学着采用了类似的对策。他们集中控制自己的行贿体系，把许多较弱的与他们分享利益的同伙排除在外，为了少数一些值得信赖的人的利益，把交易当作生意做下去。检察官杰罗姆抓不到坦慕尼派的人，而检察官福克也没有能力再次打破行贿受贿所形成的圈子。这是圣路易斯的一个大机会。

但是，对我们其他人来说，圣路易斯的问题并不一定比巴特勒上校等人的问题更为要紧。关键的是，圣路易斯发生的事情在大多数其他城镇和乡村同样发生着。美国许多城市的政府问题并没有得到解决。人民也许对此感到厌倦，但是他们没有放弃——至少现在还没有。

2. 明尼阿波利斯市的耻辱

在美国，无论什么时候哪个城市的政治发生了非同寻常的事情，无论是好事还是坏事，总是会追踪到一个人的身上，几乎没有例外。这样的事不会出在人民身上，也不会是“团伙”、“联席会”或政党，因为他们只是一些工具，是大佬们（不是领导人，因为美国人不是被领导着，而是被驱动着的）用来统治人民的工具，通常情况下他们还会出卖人民。至少存在着两种形式的独裁政治，已经取代了民主政治，就像美国各地都在试图采用民主政治。一种是指控制有组织的多数，就像费城的共和党机器；另一种是巧妙地管理少数。“好人”被集中到政党，麻木地接受一些信念，给他们的政治面貌贴上标签：共和党人或民主党人；而“坏蛋”则被大佬组织起来，引发他们的兴趣，所以大佬可以利用这些人的选票强化与政党领袖的关系，决定选举的结果。这样看来，圣路易斯显然是后一种形式的典范。明尼阿波利斯则是前一种形式。巴特勒上校是一个肆无忌惮、不讲道德的投机分子，他操纵着无党派少数，而这帮人则把圣路易斯变成了一座“贿赂之城”。在明尼阿波利斯也有这样一个人物，他就是埃姆斯医生。

明尼阿波利斯是一座新英格兰城市，位于密西西比河上游地区。作为西北的重要中心城市，它也是美国挪威裔移民和瑞典裔移民聚集的都市。实际上，它是世界上第二大斯堪的纳维亚裔移民城市。但是，直接来自新英格兰的美国人在这座城市定居下来，他们的新英格兰精神占据了主导地位。定居初期，他们就请贝亚德·泰勒在这里讲课，他们使这里成为明尼苏达大学的所在地。然而，虽然在当时，这座城市的人口已经超过了 20 万人，你仍然能感觉到这里的西部风情——这里的人长着清教徒的圆脑袋，有着大草原般的宽阔胸怀和高大的斯堪的纳维亚人的身躯。"圆脑袋"清教徒则将"方脑袋"的北欧移民带入树林，砍伐树木，或者他们走进大草原种植小麦，并把麦子磨成面粉，一车一车运出去。他们努力工作，努力赚钱。他们头脑冷静，容易满足，忙着做自己的事情，没有更多的时间参与公共事务。总之迈尔斯人、汉斯人和奥利人这些北欧裔移民已经美国化了。迈尔斯人坚持严格的法律，奥利人和汉斯人则希望有一两个斯堪的纳维亚裔移民代表他们成为候选人。这些事情得到了准许，他们乘坐筏子或开着收割机干活去了，留下的人，不管是谁吧，来加强法律和管理城市。

留下来管理城市的人最不喜欢的就是严格的法律。他们是一些游手好闲的人、酒吧老板、赌徒、投机者、罪犯和那些不知节俭的穷人，无论是哪个民族的人。出于对保守的、勤勉的社会生活的冷静和节制的抱怨，加上没有爱尔兰人的领导，他们高兴地追随天性快乐、有着开拓精神的艾伯特·阿朗索·埃姆斯医生。这是一位"热忱而令人感到亲切的人"——一个和善、慷慨的恶棍。特威德集团及其他一些团伙都根本没有能力展示出这种和蔼可亲的人物形象。埃姆斯“医生”身材高大、腰板挺拔，是一个快乐的、很有吸引力的人，人们为他的笑容而把票投给他。他代表着特许。他身上没有一点清教徒的影子。他的父亲艾尔弗雷德·伊莱沙·埃姆斯是老一辈的拓荒者，身体强壮，具有浓烈的清教徒气质，带领着六个儿子举家从伊利诺伊州的大草原迁移到斯内灵堡这片自然保护区。1851 年，那个时候明尼阿波利斯市还没有建立起来，埃姆斯医生那时也只有 10 岁，虽然生活艰苦，但他很有忍耐力，自由自在、无拘无束地一天天长大。他先是被送到学校读书，接着去了芝加哥一所医学院，21 岁时获得了医学博士学位，回到家乡当了医生。由于这座城市是由比较清醒、比较富裕的人管理的，埃姆斯的生活也很快活，他也变得越来越慷慨大方。他不仅是一位医术很好的外科医生，也懂得内科，为人和善，又有奉献精神，他不断地提高自己的业务水平，很快成为这里最受爱戴的医生。他尤其特别关照穷人。无论什么时间，无论有多远，谁都可以召唤这个医生出诊。他从不拒绝，不仅给予患者必要的医治，同时还带去他的同情和慈善。他对一些贫困的患者说：“比你有钱的人会为你拿医疗费的。”所以这为埃姆斯建立广泛的人际关系打下了很好的基础。这样的基础现在仍然存在。这些良好的伙伴不是骗子——至少一开始的时候不是。

但是这种关系有时候表现出了埃姆斯的另一面。他不仅给病人和穷人带来了温暖。对一些品行不端的人和堕落的人，他也非常关怀。如果哪个人喜欢喝酒，这位好医生就会请他再喝上一杯；如果哪个人偷盗了什么，医生会把他从监狱里弄出来。他天生就是一个自负的人，爱慕虚荣。随着名气越来越大，他更加喜欢得到别人的认可和赞许。他放荡不羁的生活方式引起了正派人们的不满，因为医生开始逐渐变得喜爱享受在酒吧和大街上所度过的时光。在这个圈子里，作为医生，他受到了许多人的奉承和崇拜，从而也促使他积极参与政治，登上了政治舞台。

假如他聪明一些或者机灵一些，他也许能使自己真正成为一个实权人物。但是他并不是一个深谋远虑的人，只是一个轻佻、无聊的人，所以他没有组织起自己的力量，让他们竞选公职。他一开始时也曾为自己寻求一官半职，通过转换党派，他抓住机会得到了一些他想得到的位置，但只是一些微不足道的职位。他的不固定的少数派，加上通常的党派选票，一般说来足够帮他获得一些小的胜利，只是这些胜利其实也没有什么意义。随着时间的推移，他从较低的位置爬了上来，成为共和党选出的市长，期间还曾两次担任民主党选出的市长。他曾经有一次被推举为国家议员的候选人。他还曾获得了竞选州长的机会。然而，离开他所在的城市，埃姆斯什么也得不到，所以当他三届市长任期届满时，人们认为他的政治生涯也走到了尽头，他年纪大了，身体也不行了。

与许多“好人”一样，埃姆斯在城里结交了许多形形色色的朋友，可以说是三教九流，无所不交。他经常与这些忠诚于他的朋友在一起吃吃喝喝，而这位好医生也由此冷落了自己的家人。他公开与自己的妻子分居，在外边又买了一处住宅。1900 年大选前不久，他与家人的紧张关系达到了顶点。他的妻子死了。家庭葬礼上他本不应该出现，可是他却出现了，不是在家里，而是出现在大街上一辆四轮马车上。他坐在对面，翘着腿，嘴里叼着雪茄，等候着送葬人群出来，接着他带人围拢上去，与送葬人群正面对峙，并穿了过去，这样的场面也许完全能毁了一个人的事业。

但是此事却阻挡不了埃姆斯。人民刚刚通过了新的基本法，直接建立民选政府。不再有按照惯例的提名。投票者为政党候选人投票。由于某种疏忽，基本法没有规定共和党成员只能把票投给共和党候选人，民主党人只能把票投给民主党候选人。投票人可以把票投给任何一方的候选人。埃姆斯，由于他在民主党内声名狼藉，便吩咐自己的追随者投票支持他成为共和党的市长候选人。追随者们照办了。不过并非所有的共和党人都投了他的票。埃姆斯获得了提名。可是提名远不是选举，所以你也许会说这种小把戏帮不了埃姆斯的忙。但是那一年适逢总统大选年，所以明尼阿波利斯人民不得不把票投给共和党市长候选人埃姆斯。再者说了，埃姆斯承诺一旦当选就进行改革。他年纪大了，希望自己能以很好的业绩完成自己的市长使命。然而，更有效的理由是，既然麦金利必须当选总统，从而挽救国家，那就必须支持埃姆斯当上明尼阿波利斯市长。为什么？没有人会相信伟大的美国人民会把候选人的名字划掉。

就这样，明尼阿波利斯把老市长召唤回来，而他真的开始实施改革。到了这个时候，埃姆斯本人还并没有特别贪赃枉法。他是一个“挥霍者”，不是一个“受贿者”。而且他对间接造成的腐败现象感到内疚。他拿走了荣誉，把赃物留给了他的追随者。他的管理差得不能再差了。然而，他现在开始加速自己的腐败进程，从其审慎态度、捏造手段和贪婪程度方面看，还无人能比。他似乎打定主意，自己已经习惯过那种无忧无虑、自由自在的日子，所以有意在自己的最后任期内让自己更加富裕一些。

刚刚当选，还没有到正式就职的日子，埃姆斯就组建了一个班子，并拟订计划，把城市管理的事交给一些不法之徒，让他们在市警察局领导下展开工作，他从中捞取好处费。他让自己的弟弟弗雷德·埃姆斯上校当警察局局长。他的弟弟曾在菲律宾服役，因受到嫌疑而被解职，回到明尼阿波利斯时间不长。可是埃姆斯的这个弟弟是一个不可靠的人，于是埃姆斯挑选了一个能干的人充当侦探长，帮助处理一些棘手的事务。这个人就是诺曼·金，以前曾是个赌徒，非常清楚警方都需要什么样的犯罪分子。金打算把明尼阿波利斯的盗贼、骗子、扒手和赌徒集合起来，并释放一些关在当地监狱的犯人。这些人按照各自的行当被分成一个个小组，并指定侦探分别进行帮助和指导。赌博帮的头子负责大小赌场的管理，规定管理费，捞取钱财，就像金从盗贼手里收取好处费一样。城里管理妓女的事由欧文·加德纳负责，他本是埃姆斯诊所的医科学生，由于具备一定的医学专业知识，便成了警察局的一名特殊警官。这些人还负责督查整个警察队伍，从中挑选可以信赖的人，根据查扣钱款的数额付给他们好处费，并进行评分，将225名警察中的107名警察解职，而这107名警察在市民看来一直是非常优秀的人，然后对警力进行了重组。约翰·皮奇，人称“咖啡约翰”，一个弗吉尼亚州人（为杰斐逊·戴维斯陪审团服务），也是臭名昭著的咖啡馆老板，被选来做警察局的一个队长，他没有别的义务，就是替警察卖地盘。

就这样，他们按照计划开始行事，不过他们做的远远超过了打算做的。城市管理随着警察队伍的改革而变得公开。关在当地监狱的一些盗贼被放了出来，形成了明尼阿波利斯的“地下世界”，暗中做着这样或那样的罪恶勾当。新来的骗子向金和金的手下请示报告，然后继续工作，将“赃物”上缴给直接管理他们的侦探。赌博活动公开进行，妓院和酒馆等一些非法经营场所越开越多，并得到了加德纳这个医科学生的格外关照。但是所有这些还不够。埃姆斯还公然打破城市管理体系，为卖淫嫖娼场所提供保护。

真的有这样的事情。明尼阿波利斯有着比较严格的法律，禁止卖淫（尽管不可避免），但是后来逐渐允许妓女在一定条件下从事这项活动。城市确定了相关法律条款（被叫作“巡查线”），在这样的法律条款下，酒吧也被允许开业。这些酒吧沿着河岸一家挨着一家，穿过商业区，宛如张开的双臂拥抱着斯堪的纳维亚裔移民的区域，从南到北。赌博活动也受到限制，限制的范围更窄。还有一些限制，同样是武断的，但也不是和限制赌博完全一样，那就是一些社会丑恶活动得到了许可。但是这个方案的独特之处在于，非法经营的酒馆、妓院等场所实际上是由市里颁发许可证的，妓女每月在市法院的办事人员面前出现一次，缴纳 100 美元“罚金”。起初，埃姆斯无法捞取这笔钱财，他的得力干将加德纳便劝说从事卖淫的妇女开办小旅馆、经营公寓出租客房，或者开糖果店、食杂店之类的门市，前台可以把糖果卖给小孩，或把烟卷出售给“伐木工人”，后面就可以从事不法的性交易。这样她们就可以把好处费交给埃姆斯，而不是市里的司法管理部门。“城市管理改革”所关注的正是这样一些发财之道。

从所有这些财源收取的税收数额一定相当大，这更加刺激了市长和市领导班子成员的贪欲。他们给予赌博活动特许权，不受地点和场所的限制；城市管理者只要愿意就可以作弊和敲诈。商贩和当铺老板，以前由市里颁发许可证，现在得花钱从市长在这一领域委派的代理人手中领取。大约200台老虎机被安装在城市的各个角落，由机主和市长派去的人监管和收钱。作为市长的一份，埃姆斯一年可拿到15 000美元。他们设立通过拍卖进行诈骗的拍卖行，保护着下流场所和未经许可非法经营的酒吧。加德纳甚至组建了一个棒球队，每逢比赛就强行向业主摊派球票，不买不行。不过，最容易的还是从妓女那里弄钱。她们被迫订购指定的一些报刊书籍。她们还要经常向警官送钱送礼，如珠宝之类的礼物，另外还有锦旗和金星奖章。可是她们还得把钱以罚金的形式上缴市里，一年大约35 000美元。此事让市长感到恼火，最后他决定伸手从中拿到分成。他出面发表声明，还是扮演着被压迫人们朋友的角色，说这些妓女每月交100美元确实太多了，要求她们每两个月交一次就可以了。市长的举动让市民感到困惑不解，后来才逐渐知道，另外月份的钱让加德纳拿走，交给市长了。然而，最令人厌恶的蛮横恶行，却是市长下令让医务人员定期查访酒店、妓院等场所，每次罚款5～20美元。市长任命的两名医生只要愿意就可以随时查访，而且越来越频繁，直到后来这种查访纯粹变成了一种形式，唯一的目标就是收罚款。

总体说来，所有这样的生意已经广为人知。此种状况没有引起市民的关注，却引发了犯罪分子的兴趣，越来越多的盗贼、骗子迫不及待地跑到明尼阿波利斯。其中一些人找到警察，并与警察达成协议，还有一些人是被警察找到的。警察邀请他们参与一些活动。这座城市有许多地方需要他们这样的人。一座城市的政府请犯罪分子参与掠夺人民的钱财，这一令人震惊的事实在这里完全得到了确立。警察和罪犯都对此供认不讳。他们的供词在许多细节上十分吻合。诺贝克侦探做出安排，把一些骗子介绍给加德纳，而加德纳越过自己的顶头上司金，从这些骗子手里拿钱。

这里有一个故事。“警棍”爱德华兹，一个喜欢戴着棒球手套的家伙，在法庭上讲述了自己在明尼阿波利斯所受到的招待：

> “我一直外出，去了海边的一些地方，好长时间没有见到诺贝克。回来之后，有一天傍晚我坐车前往明尼阿波利斯南部看望一个朋友，正巧诺贝克和德莱特尔侦探也在车上。诺贝克看到我，便走过来与我握手，说道：‘嗨，你现在怎么样？’我回答说：‘不太好。’这时他说道：‘自从你走后，这里的情况发生了很大的改变。我和加德纳如今是这里的重要人物。在你离开前，他们以为我什么都不知道，但是我略施手段就达到了目的，我给他们带来了许多好处。’我说：‘真的为你高兴。’他说：‘我这里有重要的事情需要你来做。我会为你安排一个合适的位置。’‘那太好啦，’我说，‘但是我怎么有点不相信。’‘啊，听我的没错，’他答道，‘我们会给你好处的——我和加德纳。’‘那好吧，如果你能给我事做，’我说，‘你们多少钱雇我？’他问道：‘你要多少？’我说：‘每周150美元或200美元。’‘那么就说定了，’他说，‘我带你去见加德纳，我们一起把事情安排

下来。’第二天晚上我们按照约定见了面，然后一起去了加德纳的家。”

到了那里，加德纳大体讲了一下生意，并把抽屉拉开，让爱德华兹看了看里面装满的钱，开玩笑地问爱德华兹是否愿意得到这些钱。爱德华兹这样描述当时的情景：

“我说：‘钱对我来说可是好东西。’而加德纳告诉我们，这些钱是他及其手下从妓女那里罚款收来的，等‘老头子’明天外出打猎回来后就转交给他。事后他告诉我，市长拿了我们的 500 美元非常高兴，而且他说一切都进展顺利，我们可以继续这么干下去。”

“协调人”克罗斯曼，与爱德华兹在一起的另一个骗子，则讲道，一开始加德纳为市长索要 1 000 美元，但是后来经过协商，答应给市长的钱为 500 美元，加德纳 50 美元，诺贝克 50 美元。至于警察局长，他们不时地给他送上 15 美元或 50 美元。“我们运行的第一周，”克罗斯曼说，“我给警察局长 15 美元，是诺贝克带我去那里的。我们握了握手，我把一个装着 15 美元的信封递给了他。他从信封里抽出一张纸条，那上面列的是一些人的名字。他说，他想让我陪着一起去走访这些人，并询问了一些酒吧、妓院、赌场的位置。还有一次，我见他一个人正站在市政大厅的走廊里，便走过去悄悄塞给他 25 美元。”依照最初定的“500 美元索价”，这些较小的开支一一记在“棒球手套”的分类账上。这个罪恶的账本由查理·霍华德保管，他也是“棒球手套”团伙的成员。这个账本在随后的审判当中是重要的物证，但是在市长本人接受审判之前被藏了起来。“棒球手套”赌局通过在赌牌上做手脚而骗取钱财。“招徕赌客的人”和“帮腔的托儿”在大街上、宾馆里和火车站寻找容易受骗的人，取得他们的信任，然后把他们带到赌场。通常，根据输的钱多少，上当的赌客被叫作“102 美元赌客”或“35 美元赌客”。罗曼·迈克斯这个人就是个例子，在明尼阿波利斯所有上当受骗的赌客中很有代表性。输掉 775 美元后，他就一直坚持不停地抗议和抱怨，并由此而成了名人。对诺贝克侦探来说，他被分配的任务就是负责站在街口听一些人的抱怨，并“威胁他们”。他会说道：“啊，这么说你是在赌博？嗯？那好吧，你最好马上离开这个城市。”有时候他会陪这些人去车站，把他们送走。如果这样还不能把他们打发了，他就把这些人带到警察局。警察局长弗雷德·埃姆斯便会让他们干坐在候见厅里，试图用这种手段使他们精疲力竭。如果这些人还不肯走，他就出来吓唬这些人，警告这些人没有许可参与赌博活动要受到这样或那样的惩罚，那样就会很麻烦的。迈克斯希望终止他的支票兑付，曾当过银行职员的弗雷德·埃姆斯就会说他有在银行工作的经历，然后厚颜无耻地说，这样的支票不可能被终止兑付。

盗窃成了司空见惯的现象。警察参与谋划的盗窃有多少次永远也不可能被人知道。查尔斯·布拉克特和弗雷德·马隆侦探，两个人都是队长，非常活跃，他们最出名的犯罪就是抢劫帕伯斯特啤酒酿造公司的办公室。他们说服了两个人，其中一个是公司的内部员工，设法搞到了保险柜的密码，并在一天夜里把保险柜打开，拿走了里面存放的所有财物，而两个警官则站在门外为他们警戒。

市政管理过分荒唐的行为逐渐臭名远扬，城市管理部门的一些成员与另外一些成员一起提出抗议，某些县官员也真诚地对此现象表示惊恐。县治安官梅加阿登并不是清教徒，感觉自己受到了约束，不得不加以干涉，便抓了一些赌棍。埃姆斯的人气急败坏地大声责骂梅加阿登；他们控告梅加阿登滥用职权，在县里乱收费，并把证据呈给州长范桑特，让州长把梅加阿登撤职。埃姆斯花钱贿赂两名县政委员，请他们任命加德纳为县治安官，以确保他们在这一岗位上不再遇上麻烦。他们的这一招没有得逞，但是这个教训却让梅加阿登学会了如何消除误会，而强取豪夺的事像以往一样不计后果地继续出现，变成不可阻挡的趋势。

尽管如此无法无天，还必须加以调整。埃姆斯医生，从来就不是一个组织者，试图不受牵绊，而他的追随者开始内讧起来。他们相互欺骗，他们打劫盗贼，他们打劫埃姆斯本人。市长的弟弟这时对自己所获取的赃物份额感到不满，并与几个队长结成小集团，由他们阴谋策划管理，设立酒吧、妓院、赌场等一些非法经营场所，在警察局内部玩起了“猜谜游戏”，并进行着各种各样的受贿活动。

只有一个人忠于市长，他就是加德纳。于是弗雷德·埃姆斯联手金队长和几个同伙想方设法让他失去市长的宠爱和信任。现在，如果哪个人能有机会单独和市长在一起，他就能从市长那里得到自己想要的东西。当市长来到西巴登时，弗雷德·埃姆斯小集团找到了一个时机：他们在市长耳边吹风，让市长怀疑加德纳，并担心加德纳揭发自己，进而诱使市长找到了一个叫雷迪·科恩的人取代加德纳，收取和支付所有的罚款，但不是直接的，而是通过弗雷德。加德纳动情地哀求市长。他对市长说："我一直对您忠心耿耿。我把收上来的钱都交给了您。你的弟弟和他手下的几个人是想抢夺您的钱。"加德纳说的完全是实话，可是市长却没有听进去。

实权最终落入弗雷德·埃姆斯手里，而他本人也四处走动，让大家知道所出现的变化。当他查访妓院时，有三个侦探与他在一起。后来，有位妓女一遍又一遍地在法庭上讲述自己的遭遇："埃姆斯上校与侦探们一起走了进来。他把我带到一间侧室，问我是否向加德纳缴纳罚金。我告诉他是这样，他就对我说以后不要这么做了，可以去办公室找他，那个时候就会让我知道该怎么做。不到三个星期，科恩给我打电话，让我去一趟，我就去了市政厅。我询问是否可以把罚金交给科恩，局长说完全可以。"

与旧的相比，新的人事安排运转得并不顺畅。科恩是一个受人压制的收款人，而他所依靠的弗雷德·埃姆斯又是一个软弱、宽容的人。这位局长甚至不确信自己掌控着警察局。他手下的一些队长，没有了加德纳的制约，开始暗中挖警察局长的墙角。他们越来越多地干起了自己的营生。一些侦探开始大吃大喝，玩忽职守。诺贝克对"棒球手套"成员的胡作非为感到焦虑，只好逐渐地远离这些人，于是团伙里有人向弗雷德抱怨，说诺贝克的坏话。局长指责了诺贝克，而诺贝克承诺"做得更好"，但是当他拿到了钱，不是薪水，而是按受骗的人数——"修剪过的赌客"的人数获得的赃款，就逃离出这座城市。受保护的骗子因在街上拉客而被"咖啡约翰"新招募的警察逮捕，这些警察取代了那些粗心大意的侦探。当被抓起来的、愤愤不平的人被带到弗雷德面前时，他把这些人放了，但是抓人的事令人烦恼，不方便，也干扰了他们的生意。整个警察队伍士气低落，各怀鬼胎，干着对自己有利的勾当。甚至盗贼当中的传统荣誉感也没有留下。

就在这个关口，1902 年 4 月，大陪审团夏季任期开始启动。这是一个由未经当局挑选的市民组成的普通团体，并不直接从法院那里接受什么特别的指示，县检察官只是让这个组织做一些常规事务。但是这个陪审团里有一位勇士——陪审团主席霍弗·克拉克。他出身于一个新英格兰的传统家庭，17 年前，在他还是一个小伙子时来到明尼阿波利斯。为了找到工作，他奋斗过；为了自己的地位，他与老板争斗过；为了权力，他带领自己的员工，即一些伐木工人，奋斗过；为了公司的利益，他与竞争对手战斗过。每次他都能获胜，所以现在养成了发号施令的习惯，成了一个性子急、做事专横的家伙，确信自己凡事都能获得成功。他本不想成为大陪审员，也不想当什么大陪审团的主席，但是既然当了，他希望自己能有所作为。

埃姆斯帮为什么就不能被粉碎呢？大陪审团的成员们的脑袋晃了起来，手却举了起来。试图打倒这个帮派是没用的。大家的低落情绪激怒了克拉克。他表示自己倒是愿意试一试，一边说着一边观察着大陪审团的每一个成员，终于发现了两三个有骨气、敢于战斗的人。他认识这几个人，并很快取得了他们的信任。大陪审团余下的人则鱼龙混杂，什么人都有。克拉克先生把这几个人争取过来，说服他们与自己一起干。接着他找到了县检察官。这个检察官是个政客，他了解埃姆斯团伙。他说，埃坶斯团伙太强大了，不能随便动他们。

“那就没你什么事了。”大陪审团主席说道。

于是就出现了这样的场面。检察官知道自己的权利。

检察官叫喊道："克拉克先生，你以为你能管好大陪审团的事，也能管好我的事？"

"是的，"克拉克说，"只要我想，我能管好你的办公室。而且我想这么做。你可以离开了。"

至于那个夏天他要做些什么事，克拉克并没有多说什么，他不是那种耍嘴皮子的人。但是他确实说了，所有他做的就是应用最简单的商业手段来解决问题。然而，在实际战斗中，结果表明这些手段是最被认可的警察办法。他雇用了很多当地的探子，因为他知道这些人一定会谈论他们眼下正做的事情，而且由此受到警察的监视。通过抛出虚假的线索这样的手段，他又雇了一些不太有人知道的其他探子。这需要很大的开支，所以克拉克还做了许多其他事情。但是他决心打赢这一仗，所以他愿意花钱，毫不吝啬地从自己的口袋里和同事的口袋里往外掏钱。（大陪审团在漫长的整个夏季工作期间，总共花销达259美元。）把探子派出去的同时，他本人来到监狱，希望从狱警和犯人那里搞到内部消息。这些人既然被关押在这里，就肯定会抱怨不平。他设法结识了监狱长亚历山大，而这位监狱长正是县治安官梅加阿登的朋友。是的，他在那里有些人，他们感到恼火，也许想报复。

这些人当中有两个曾是"棒球手套"团伙的人，为加德纳干活。一个是"大棒子"爱德华兹，另一个是"开心查理"霍华德。选择哪一方呢？我多次听到他们解释着所处的困境，这一通常的陈述可以彻底讲清问题。在埃姆斯兄弟的争斗里，为了各自的利益或帮派而出现了冲突，也许是出于错误、疏忽，或是出于怨恨，他们被抓了起来，受到了审讯，不是站在弗雷德·埃姆斯面前，而是站在法官面前，需要缴纳的保释金数额很大，他们根本提供不了。他们已经交了保护费，而且还没有到期，可是他们没有得到保护，也没有得到保释。他们成了被遗忘的人。他们说道："不管怎么说，我们被人出卖了。"而且他们怨恨地流出了眼泪。但是告密，不，先生！——那是"另一个交易"。

但是克拉克先生知晓了他们的故事，他决心迫使这些人在法庭上说出实情。如果他们照办了，加德纳和诺贝克就会受到起诉，判刑，被证明有罪。从他们本身来说，这些人只是无关紧要的小人物，可是他们却对破解局面起着关键作用，通过他们可以向上追查到市长。这值得一试。克拉克与莱斯特·埃尔伍德和维尔德·希尔德两位先生走进监狱，这两位大陪审团陪审员，是克拉克先生处理棘手问题最为倚重的人。当克拉克讲话时，他们就站在旁边。克拉克作为陪审团主席，他的谈话方式很有趣，时而微笑，夹杂着脏话，时而恐吓，甚至还会以甜言蜜语哄骗对方。"大棒子"爱德华兹后来告诉我，他和霍华德最终都被克拉克说服，同意供出对同犯不利的证据，那是因为他们觉得克拉克值得信赖，是那种说话算数的人，能够帮助他们脱离险境。爱德华兹说道："我们大家"（他是泛指大多数罪犯），总是与陪审团和律师较量，他们希望我们喊冤叫屈。我们偏不这么做，因为我们知道他们不够聪明，我们不回那儿。他们往往轻易放弃，是一些懒汉和懦夫，不值得我们信赖。克拉克则目光敏锐。我了解人们，我很会看人，这是我的看家本领，我认定克拉克会是一个赢家，所以我愿意配合他与那些依赖他人生活的寄生虫进行斗争。"经过三个星期的努力工作，大陪审团一切准备就绪，就差一个检察官来提起公诉。可是公诉人一职却没有人承担，克拉克只好找到自己的朋友阿尔·史密斯，请他帮忙出任公诉人。史密斯犹豫不决：他对埃姆斯团伙的势力和财力非常了解，甚至超过了克拉克。但是与爱德华兹一样，他最终也对克拉克先生产生了信任感，他确信这位陪审团主席一定会赢，所以他站到了克拉克一边，并且一旦作出了决定，他便引导了一场公开的战斗。他单枪匹马一个人站在法庭上，将被告驳倒，拿下了案子，尽管被告请来了最好的律师为他们辩护。他的法庭笔录非同寻常。此外，为了获取证据，他还接管了与罪犯谈判的任务，而克拉克、希尔德、埃尔伍德，以及其他许多陪审员则提供资金和道义上的支持。这些都是必要的。有人拿钱贿赂史密斯，史密斯受到了恐吓，他被人称作傻瓜。克拉克的处境也是如此。有人提出送他 28 000 美元让他住手，并扬言要从芝加哥雇杀手来干掉他。然而，最令大陪审团震惊的却是市民中一些知名人士，他们受人指使也来劝说和阻止陪审团的工作。我所研究的改革几乎都出现过这种现象，即道德方面的怯懦，也可以说是高雅市民的卑劣和下贱。

不过，没有什么能阻挡大陪审团的行动。他们无所畏惧、斗志昂扬。他们对加德纳、诺贝克、弗雷德·埃姆斯，以及许多从犯提出了指控。可是埃姆斯团伙同样具有足够的胆量，也筹集资金请人辩护，与克拉克针锋相对。埃姆斯市长更是目中无人，狂妄自大。有一次，当克拉克来到市政厅，正好遇见市长，受到了市长的挑衅。虽然市长身边有许多随从，但是克拉克没有退缩，而是正面与市长相对抗。

“是的，埃姆斯医生，我一直在查你，”克拉克说，“我在这座城市已经住了17年，而你在道德方面一直就是个麻风病患者。我听说在此之前的十年里你已经烂掉了。我现在要把你投放到一个存放所有感染病菌的地方——在那里你就不能污染任何人了。”

接着是对加德纳的审判。已经有人多次努力劝说他说服市长投降，可是这个年轻人拿到15 000美元后表示“不会改变主意”，默默地走进法庭接受审判和定罪。对其他人的审判随之很快展开，如诺贝克案、弗雷德·埃姆斯案、金侦探长案。这时大陪审团需要那些逃亡在外的人出庭作证，还需要那些妓女的真实证词。县里没有钱用于引渡，陪审员只好自掏腰包垫付。他们派人追踪梅克斯，从密歇根州一路跟到墨西哥，然后又回到爱达荷州，并在那里将其逮捕，并在审判诺贝克时让他出庭，因为当初“引导”他外逃的就是此人。诺贝克以为梅克斯还远在千里之外，还是那么有恃无恐。可是当他在法庭上见到梅克斯时，坐在被告席上的诺贝克吓得站起身来，连夜逃跑了。为了追捕诺贝克，大陪审团又花了很多钱，最终抓住了他。诺贝克坦白了，但是他的证据没有得到接受。他被判在州监狱服刑三年。男的罪犯都招供了，可是女的却坚持不说出真相，对弗雷德·埃姆斯的第一次审判也没有成功。为了打破妓女们对这个圈子的忠诚，埃姆斯市长被认定有罪，因为他通过贿赂手段使加德纳成为县治安官——虽然不是最好的，但也确实是能扳倒市长的指控。此举迫使妓女们说出了实情，而弗雷德·埃姆斯经过重审，被判有罪，关进州监狱服刑六年半。金侦探长被判犯有包庇罪和窝藏罪（协助盗贼偷窃钻石，并在事后从盗贼手里拿走钻石据为己有），处以三年半徒刑。随着审理的加速进行，更多的起诉状送达法庭。阿尔·史密斯经同意后辞职，并向大陪审团表达了谢意；他的上司准备竞选同一个职位，希望试着审理其他案子，而且干得很出色。

现在所有人都站到了法律和秩序一边。“贪污受贿者”当中的恐慌情绪令人好笑，尽管具有令人惊骇的重大意义。有两个政府部门的领导，虽然还没有任何证据能指控他们，却突然逃跑了。此事给大陪审团提了个醒，他们开始调查和质询，结果表明存在着另一种受贿的来源，那就是廉价地将物资供应出售给某些公共机构，将大量食品供应转移到市长和其他官员的私人住宅。埃姆斯市长，害怕受到指控，又担心涉嫌犯有敲诈勒索罪、组织阴谋集团罪和行贿受贿罪而缴纳高额保证金，连夜坐火车跑了。一位认识埃姆斯市长的先生正巧也在那趟火车上，亲眼见到市长夜里 11 点钟坐在卧铺车厢的吸烟室里，嘴上叼着一支没有点燃的雪茄，面如死灰，精神憔悴。到了第二天早上 6 点钟，这位先生见到市长依旧坐在吸烟室，雪茄还是没有点燃。市长跑到了西巴登，印第安纳州的一处疗养地，这位体弱多病的老人像全身散了架，不到一个月的时间里，他仿佛苍老了好几岁。城市没有了市长，集团少了一个头目。一个个小集团被控制起来，他们聚集在大陪审团的房间里，相互描述，乞求准许他们供出对同犯不利的证据。汤姆·布朗，市长的秘书，坐在了市长的座位上；大厅对面坐着警察头子弗雷德·埃姆斯，汤姆·布朗在埃姆斯看来不过是个无足轻重的庸才。两个人都忙着在警局这个圈子里组建自己的小集团。布朗这一边有“咖啡约翰”和警察队长希尔，弗雷德·埃姆斯这一边则有金侦探长（尽管他已被认为有罪，解除了职务）、克伦韦德队长和警察局长秘书欧内斯特·惠洛克。市参议员 D·珀西·琼斯，作为联席会议主席，一位可敬的人，本应接替市长一职，可是他远在东部，所以这种由政府造成的不稳定正是这个城市的状态。

接着，弗雷德·埃姆斯不见了踪影。汤姆·布朗集团完全获得了主导优势，接管了整个警察部门。这让所有人感到震惊，更不用说金的小集团了，他们参与了搜寻埃姆斯的行动。有一位名叫弗雷德·鲍尔斯的市参议员，准备依靠共和党的选票竞选市长一职，接管了市长办公室，但是他不确信自己的权威，也不清楚自己的政策。大陪审团是他身后的坚实力量，而陪审团主席则给市参议员琼斯发电报。与此同时，几个小集团向远在西巴登的埃姆斯市长发出呼吁，而见到市长的各方都被授权按自己的意愿行事。"咖啡约翰"集团拒绝向大陪审团供述罪行，转身投靠参议员鲍尔斯。当他们听说弗雷德·埃姆斯要回来，逐渐开始有了安全感。他们四处活动，并从流亡在外的市长那里获得了保证，弗雷德·埃姆斯回来的目的就是辞职。弗雷德——这时因失误而自悔——回来了，但是他并没有辞职。在朋友的帮助下，他重新掌管了警察队伍。"咖啡约翰"恳求参议员鲍尔斯撤换警察局长，可是结果表明鲍尔斯这个代理市长是个怯懦的人，于是"咖啡约翰"、汤姆·布朗和希尔队长暗地里制订了秘密计划。他们请求埃姆斯市长免去他弟弟的职务。他们信心十足，觉得他们有能力说服"老家伙"这么做。困难的是如何让埃姆斯市长不改变自己的主意，无论哪一方在他耳边吹了什么风。他们偶然想出了一个大胆的权宜之计。他们敦促"老家伙"撤掉弗雷德的职务，然后自行辞去市长的职务，这样一来，"老家伙"就不能破坏他们希望得到的契约。一天夜里，"咖啡约翰"和希尔队长悄悄溜出城去，他们乘火车抵达西巴登，然后又乘另一趟火车返回家里，一手拿着要求弗雷德辞职的手令，一手拿着市长本人的辞职信。弗雷德·埃姆斯真的辞职了。市长的辞职请求被搁置了一段时间，因为举行特别选举需要额外花钱。在“咖啡约翰”及其小集团看来一切都是顺利的。他们让弗雷德出局，而参议员鲍尔斯打算让“咖啡约翰”及其团伙接管。但是鲍尔斯动摇了。毫无疑问，大陪审团的态度对他起了作用。无论怎么讲，最令人意想不到的是，鲍尔斯向两个小集团发动了突然袭击。他辞退了汤姆·布朗，但他也没有启用“咖啡约翰”，更没有任命这两个集团的人出任警察局长，而是根据其他人的提名确定了人选。结果一些人被迫交了辞职书，而代理市长接受了这些人的辞职，大规模地清除了许多流氓恶棍。他的这一举动不仅令人吃惊，也让大陪审团和担惊受怕的明尼阿波利斯市民甚感满意。

但是对这座城市的管理还是有许多困难的。作为政府的实际首脑，大陪审团任务即将结束并被解散，此外，他们的工作是破坏性的。现在迫切需要建设性的力量，参议员琼斯收到了一封又一封电报，请求他火速回来。琼斯急忙返回家乡，局势随着他的归来很快得到了控制。大陪审团做好了向他报告的准备，因为城市再一次有了自己的头脑和意志。犯罪分子最终得到了应有的惩罚。

珀西·琼斯，朋友都喜欢这么叫他，是他的家族迁居到明尼阿波利斯的第二代人。父亲为他后来的发展打下了很不错的经济基础，所以他事业的起点也比较高。先是读了大学，后来又开始经商。然而，他的道德意识让他清楚地知道自己有足够的能力提问。他不是一个战士，而是一个从容不迫、做事稳妥的执行者。他之所以能成为参议员，那是因为前些年他和许多年轻人一同参加过一场运动。那个时候，他们对市政暴露出来的腐败问题深信不疑，觉得自己应当投身于政治。其中有几位真的步入政坛，其中就包括琼斯。

代理市长顿时感觉到了压力，市政府所有严峻的问题都摆在了他的面前。邪恶势力也在四处活动，对他要么采取诱惑手段，要么就是威胁恐吓。他认真地研究了局势，开始一个问题一个问题地解决，动作虽然不那么迅速，但效果却势不可当，抵御住了所有反对派的进攻。他最初采取的一系列动作之一，就是将所有罪证确凿的流氓恶棍从警察队伍中清除出去，把埃姆斯市长解雇的警察请回来顶替他们的岗位。另一个重要步骤就是任命私人朋友，一个教会执事为警察局长，他的理由是，他希望警察局的头目应该是对罪犯毫不留情的人，一个他绝对信赖的人。法律禁止经营的一些场所得到了允许，不过只能在一定限度内经营，并且不需要缴纳费用，也不必担心敲诈或罚款。一些“好人”反对他的政令，他们的人数、立场和观点对琼斯先生的务实政府是一个教训。一位重要的市民，也是教会成员，威胁琼斯，说他要把租用他家两套公寓的妓女们驱逐出去，而租金是他“供养妻子和孩子”最可靠的经济来源。琼斯先生加强了他的政令。

其他人的利益——酒吧老板、啤酒制造商等——给了琼斯足够多的麻烦，但是所有这些麻烦真的算不了什么，最让他苦恼的麻烦事是与那些开赌场的人打交道，他们代表着有组织的犯罪，而且他们要求开一个听证会。琼斯先生给了他们六个星期的时间谈判。这些开赌场的人提出了一个解决方案，他们说，假如琼斯先生允许他们这个赌博集团在城市里开设四个大型赌场，他们保证不会有别的什么人敢在城里其他地方开赌场。琼斯先生考虑了一会儿，摇了摇头，诱使他们说下去。他们起身离开了一会儿，回来时递给琼斯先生一份书面承诺书。尽管他们不是犯罪分子的同伙，但是他们了解犯罪分子团伙的情况和行动计划。如果没有人帮忙，即使忠实的警察也很难与犯罪分子打交道，盗贼们很快就会重新作案。那么，与这些盗贼抗衡，你能指望一个由教会执事充当头领的警察队伍吗？赌徒们主动提出由他们来控制城里的犯罪分子。

琼斯先生对此深感兴趣，但是他说不相信最近会有新的案子发生。赌场的人笑了笑，转身离去。非常奇特的巧合，琼斯与赌场的人会谈不久，案子就一个接一个地发生，就像报上说的那样："刑事案件如同一场流行病。"虽然只是一些小偷小摸的事，却让代理市长感到非常头疼。他对赌场的人掌握时机的本领感到惊讶，很想知道他们是如何探听到消息的。

赌场的人很快又来了。他们会告诉琼斯先生犯罪活动很快就要在城里再次泛滥吗？是的，他们这么做了，可是市长不为所动，几个"梁上君子"还吓不倒他。赌场的人说了，这只是个开头，更大的案子接着就会发生。他们说完就走了。果然没错，大案发生了。城里一些有头有脸的人家接连有三家失窃，接着是第四家，而这家的主人正好是代理市长的一位亲戚。这位亲戚受到了人们的调侃，成了笑柄。报纸也很快登出了报道，但爆料并不是来自警方。

赌场的人再次来访。如果授权让他们独自控制明尼阿波利斯的赌博业，他们将履行以前所做出的所有承诺，而且，假如发生了什么重大的盗窃案件，他们保证能找回失窃的财物，甚至可能抓到窃贼。琼斯先生不相信他们能有如此大的能量，赌场的人表示可以证明给他看。怎么证明？报纸上说有四户人家财产被盗，他们便表示能帮助琼斯先生找回被盗的财宝。琼斯先生表现出了好奇，答应让他们试一试，于是赌场的人起身告辞。没过几天，被盗的财宝一包接着一包被送回来。所有财宝被转交给警察局长。

当赌场的人再次登门拜访时，他们发现代理市长已经决定接受他们的提议，那就是在市长任职期间，除了警察默许开设的赌场，不能有任何别的赌博场所。

琼斯先生对我说，如果他能获得一个较长的任期，他肯定会重新考虑这个解决方案。他相信自己能像以前那样再次做出决定，但是他至少应该认真想一想这个问题——一个城市的管理是否需要与犯罪分子形成联盟？这是一个开放性问题。只是在他四个月的应急管理期间他封锁了这个问题。明尼阿波利斯至少应当有一段干净、和谐的时光，而新的管理应当从清除障碍开始。

3. 圣路易斯的无耻行为

特威德集团的经典问题："我就这么做了，你们能把我怎么样?"这显然是一个大人物向多数人发出的污辱性的挑战。但这是个很重要的问题。那时候存在，现在依然存在。人民能够统治国家吗？特威德集团的发问就是这个意思。民主政治？可能吗？当我们讲述圣路易斯的金融腐败和明尼阿波利斯警察腐败时，同样的问题被提了出来。两个案子都对美国城市政府的民主提出了质疑，而且，就这两个案子的恶劣影响而言，这个问题已经有了相当完整的答案。人民不会统治。他们也许会拿起武器抵抗皇帝或国王，但是却能容忍某个"无赖"压迫他们，羞辱他们，出卖他们。"谁能把咱们当回事?"这就是他们对自己重要性的描述。可是，当他们的耻辱被公之于众时，他们会怎么做呢？这正是特威德集团这样的残暴统治者希望知道的，也是国家的民主政治需要知道的。

明尼阿波利斯市回答了特威德集团的问题。随着市长埃姆斯的外逃，城市进行了改革。当埃姆斯被带回来时，他受到了审判，被认定有罪。没有哪个城市从其耻辱的教训中如此迅捷地获得益处。通常，人民觉得所暴露出来的腐败现象和自己没什么关系，更不用说参与重建。霍维·克拉克曾对埃姆斯的圈子发动了攻击，并将其彻底粉碎；而珀西·琼斯则重新建立了市政府，近乎完美地组织起新的行政机构。留给人民做的事很少了，那就是在下一次常规选举中，在两位市长候选人当中，投票选出他们认为比较好的一个人，但是他们愿意这么做。他们投出了上万张选票，以微薄的力量果断而又稳妥地行使自己的职责。在很大程度上，这就像参加一场起义。真正的考验在等着明尼阿波利斯。这一次拯救城市的人已经组织起来以保证城市的安全，并让人们对埃姆斯医生的记忆成为市民的精神财富，同时确保明尼阿波利斯成为一个没有耻辱的城市。

明尼阿波利斯也许会失败，就像纽约经历的失败，但是至少这两个城市会因自己的耻辱而受到触动。圣路易斯却不会这样。约瑟夫·福克这位地方检察官开始时就是单枪匹马，后来也是孤身战斗，对受贿者起诉、审判、定罪，无论高低贵贱，遵循联席会议的工作方式，查清受贿者内部盘根错节的枝枝杈杈，然后摆到人民面前，以宣誓作证的形式让受贿者自己坦白他们肮脏的故事。圣路易斯没有被触动，也不觉得羞耻。在我看来，圣路易斯是人民政府发展史上的新产物，被流氓恶棍掌控，为有钱人服务。

“贿赂团伙在圣路易斯的岁月”一文所揭露的其实很不够，与圣路易斯人所知道的该市状况相比，大概连一半也不到。那篇文章描述的是 1898 年、1899 年和 1900 年在齐格恩海因市长当政期间，行贿和受贿如何演变成市政府的真实交易。自那篇文章发表以来，已有 14 个人受到审判，差不多十几个人做了坦白交代，所有交易额的确定和所涉及利益的重要性都有了依据。接着，案情牵涉到了市立法者组成的联席会，他们为了满足自己的个人利益，以定期利率出卖权利、特权和特许经营权。如今，被认定有罪的行贿受贿者的自由陈述，展现了联席会的内幕交易及他们还没有完成的计划。这样我们就懂了，联席会确实存在着行贿受贿问题。联席会有一位领头人，他本人就是个有钱人、一位大佬，代表了所在的财政区，助长了联席会的行贿受贿之风，直到这个体系土崩瓦解。于是我们知道了，福克先生这个原本默默无闻的人如何得到了提名，非其所愿地当上了地方检察官；他又是如何警告那些帮他当上检察官的政客们的；他如何把这些政客当作普通罪犯提起诉讼。现在这些人已被定罪。

我们看到，城郊轨道交通公司董事长查尔斯·特纳和圣路易斯酿酒公司的秘书，也是第一个告密者，菲利普·斯托克，向大陪审团讲述他们如何筹措144 000美元的贿赂基金，并存入银行保险箱里。当城郊轨道交通公司特许经营权获得批准之后，他们把这些钱分发给立法者。圣路易斯人民曾看到，特纳先生从国民信托公司董事长办公室，斯托克则从酿酒公司秘书办公室里冲出来，就像“身上着火的马一样”。他们一次又一次在刑事法庭讲述自己的悲惨故事，一次又一次向陪审员清点着贿赂赃款的数额。当他们出庭宣誓作证，受贿者一个接一个受到审判之后，这些证人急急忙忙回去继续经营他们自己的生意，而被认定有罪的人则回到市议会自己的座位上，平安无事。这的的确确是真的。在州参议院里就坐着已经被宣判有罪的人，其中有查尔斯·凯利，被判两年；查尔斯·丹尼，三年和五年；亨利·福克纳，两年；E. E. 默雷尔，州证人，没有被宣判。不仅如此，这个参议院，竟然有着如此的议员，厚颜无耻地软磨硬泡，拒绝拨款，使福克先生无法继续进行自己的调查，进而起诉行贿受贿者。

问题就在这里。在其他城市，仅仅是曝光就足以推翻一个腐败的政权。在圣路易斯，对行贿者定了罪，却让重罪犯继续逍遥法外，整个体系毫发无损，而人民则成了观众。正是这些感兴趣的人们——城市的人民，以及体系，使腐败分子有机可乘。

被判定有罪的行贿者曾向我描述了这个体系。通常，圣路易斯这个城市由共和党人管理。基于地方自治的原则，市政当局是一个独立的政治实体，没有哪个县能搞乱这个体系。然而，密苏里州通常是民主党人掌管，立法机构通过授权州长任命警察和竞选委员会来掌握政治所有权。根据有缺陷的选举法，市里的民主党领导人成了该市绝对的统治者。

这个民主党领导人就是爱德华·巴特勒，以“巴特勒上校”而闻名，或者有人干脆直接称呼他“老大”。他出身于爱尔兰人家庭，从事的行业是马蹄铁工匠，一个讨人喜欢的家伙，起初是天性使然，后来则是职业的缘故。差不多是 19 世纪 70 年代，那个时候的他还是个系着围裙打铁的年轻人，自己当老板，他获得某个专利产品的独家经营权，专门为市里一家轨道交通公司生产一种马蹄铁，产品销路很好，很受用户的喜爱。轨道交通公司与巴特勒签了一揽子合同。巴特勒的马蹄铁店铺遍布城市的许多角落，而他由此取得了重要的政治地位，他的政治影响力随着他生意的扩展越来越大。因为无论巴特勒走到哪里，他都会把笑容带到那里；无论是谁，遇到了什么样的困难，都会得到他的鼓励。就像明尼阿波利斯那个走到哪儿都被人认为是个好伙伴的埃姆斯医生，巴特勒通过使人们“遭遇灾难”而征服人们。一位牧师，詹姆斯·科菲大人，曾严厉斥责过巴特勒，把他赶出讲道坛，说他腐蚀了年轻人；还有一次，一位母亲跪在教堂的通道上，并在做礼拜时出声地乞求上帝惩罚和折磨巴特勒，因为巴特勒毁了她儿子的前程。这些及其他类似的事件被广泛传播，反而增强了巴特勒的影响力。他越发大胆起来。据说，他曾有一次从投票的地方里走出来，越过警察设置的警戒线，向路边的一群人大声喊道：“还有谁想重复投票？那就进来再投一次吧！”

在圣路易斯，人们会告诉你，巴特勒从来就没有什么真的权势，只是他的大胆作为和装腔作势让他看上去像个大人物。组织公众抗议是每一位大佬显示权势的重要因素。然而，就我所能收集到的材料来看，巴特勒虽然是他的组织的领导者，但是他首先是忠于党派的政客。当他完全成了一个受贿者，他对自己的政治机器开始变得不太关心，而是借助于两党的最坏分子来从事他的贿赂交易。行贿者和其他一些人都说，在后来的几年里，巴特勒在两党拥有相同的权力。在共和党市长齐格恩海因当政期间，巴特勒是圣路易斯的统治者，可以肯定，这一时期正是该市发展史上最糟糕的阶段。巴特勒的办法就是口述足够的两党候选人的名单，以便他能够挑选他的生意需要的那种人，即从两党候选人中选出最混蛋的人，换句话说，尽管诚实的民主党人和共和党人“忠诚于党”（白痴所具备的极大自豪感，就是他们最明显的标志），并且是“直选出来的”，但是，民主党领导人和他在共和党的打手们决定每张选票上的哪些人应该当选。接着他们用货车把巴特勒雇来的“重复投票者”来划票，并重复投下他们的票，直到选出他们想要的人，而巴特勒就是做着这一勾当的关键人物。

巴特勒的生意就是贿赂，已经演变成了比较精致也比较危险的腐败形式，其危害程度远远超过了明尼阿波利斯的警察敲诈。这种形式所涉及的不是盗贼、赌徒和妓女，而是有影响力的市民、资本家、大企业。因为贿赂者的生财手段就是这座城市的权力、特权、选举权、特许经营权和不动产，所以巴特勒腐蚀的对象在社会上层，而不是底层。巴特勒早年创业时与企业老板的交往经历，证明他对这些老板是有用的人，所以经过那些老板的引荐，他结识了其他一些金融老板，而他能提供金融服务的消息一经传开，那些想在这个城市捞取钱财的不法之徒很快聚拢在他的身边。一位行贿者告诉我，根据联席会的传统做法，圣路易斯一直就存在贿赂行为。

巴特勒将其贿赂团伙系统地组织起来，并逐渐发展成了一个常设的金融机构，使其成为商业领域不可分割的组成部分。他有自己的固定或不固定的客户，包括银行家和推销人员。从受贿者的叙述（还没有被记录下来）可以断言，所有的交通运输公司和公共便利公司，只要与圣路易斯接触，都得与巴特勒的“联席会”打交道。而我获得的最好的信息就是，这些利益相关者并没有受到损害。敲诈及时出现了，但是在一开始的时候，这些利益相关者开始了获取战利品的阴谋计划，并为巴特勒的事业打下了起步的基础。一些利益相关者按期给巴特勒拿钱作为薪水，其他人则缴费，而且巴特勒再一次成为企业的合伙人，以特殊的手段提取非法交易的佣金，影响力也越来越大。“费用”和“礼物”是巴特勒的术语，而且公开谈论自己收取和分配赃款的事。我真的相信，巴特勒以为他的收费是合法的。事实上他知道有些人认为他的服务是非法的，他曾有一次讲过，当他为了某件立法案而收取了佣金时，他总是“回到家里，祈祷议案能够获得通过”，并不无戏谑地补充道：“通常我的祈祷都会得到答复。”

是的，他的祈祷总是会得到市议会的“答复”。市议会这一立法实体分为上下两院，上院被称作参议院，有 13 名议员，由非代表特定选区选出；下院被称作众议院，有 28 名议员，由选区选出。上下两院的每位议员由市政府按月发给 25 美元薪水。与市长一道，市议会控制了所有公共财产和有价值的特权。尽管巴特勒有时可以利用或者支配市长，可是他更喜欢甩开市长，独立地行使手中的权力，所以他在上下两院分别形成了 2/3 的多数派——在上院是 9 人，而在下院则有 19 人，这样就能在投票时确保他的议案通过。这些人组成的就是“联席会”。他们按常规组织起来，在议会的规则下进行着他们的交易。每个“联席会”选出主席，这位主席还会被选为合法团体的主席，由他任命各个委员会，并为每个委员会提名联席会成员名单，确保获得多数票。

在联席会成立的初期阶段，巴特勒的控制是完整的，因为它具有政治性。他挑选的人一般都会成为立法者。他们按照巴特勒的命令行事，贿赂活动进行得悄无声息，安全妥当，而且索价也算适当。只有不法行为才会被收费，而且一旦卖出去就是合法的了，因为巴特勒信守诺言。无论谁，只要永远被收买了，就会被巴特勒定义为一个诚实的人，就是合适的人。但是随着对钱财的贪欲不断膨胀，尤其是在圣路易斯，就需要成为一个强有力的人，以控制自己、控制他人。巴特勒总是关注着商业领域的动静，他知道这里的每一个人。当某个轨道交通公司需要铺设一条道路，或某个金融事务所需要获得特许经营权，他都会提前知道消息。有时他发现了某个需求，并加以暗示，提出一个价码，如 10 000 美元，然后告诉手下的人有了什么买卖，会有 10 000 美元供他们分享。他留下一部分，而城市什么也没有得到。如果巴特勒因还没有拿到钱而不发话，交易就会被搁置起来。只有钱到手了，巴特勒发话了，交易才会马上获得通过。然而，巴特勒的生意越做越大，不仅仅是不合法的事情，就是合乎法律的许可方案也得支付一定的好处费，而且价码逐渐被抬了起来。如果有哪位市民出于某种目的需要开挖街道而提出请求，或者市民提出在某个路段安装路灯——都需要掏钱，而且他们还真的肯花钱。没有什么别的办法。商人们抱怨，说他们感觉到了某种压力，某种最让他们意想不到的、来自商业领域各部门的压力，还不得不承受。

一家厂商的负责人告诉我，有一条铁路的支线离他的工厂很近，铁路公司的人建议让他去找市里的立法部门，争取获准铺设一条岔道穿过他的厂区。他觉得这个主意不错，但是当他发现这么做需要花费 8 000 或 10 000 美元时，他放弃了。很快，铁路公司放慢了运输他们工厂的货物的速度。他明白了，可是作为一个不服软的人，他改用渡船将货物运过河，走另一条路。这样他就需要搞一条岔道，当他去询问此事时，铁路公司的人说道："啊，我们已经弄好了。你看，我们按期向市里的人支付薪水，而他们为我们做事，别无他图。"

"那么，你们为什么还要派我去找他们?"厂商的负责人问道。

"这个嘛，你看，"铁路公司的人答道，"我们想要与他们保持良好的关系。只要有机会，我们就会给他们一点我们生意之外的好处。"

换句话说，庞大的铁路公司，并不满足于向这些索贿的市政委员会委员按月支付贿赂金，铁路公司随时准备进一步向委员们施恩惠，以便强制某个制造商或客户接受贿赂者的敲诈。这个厂商的负责人问我："如何才能抵制这种游戏?"

很少有人尝试着抵制。敲诈勒索在交易过程中司空见惯，多数人已习惯逆来顺受，这是一种固化的思维习惯。城市已经好几个星期处在黑暗当中，而用于照明合同所支付的 175 000 美元的贿赂金悬而未定，抱怨的市民要求安装路灯，可是市长齐格恩海因却让他们走开，去找有月亮的地方待着去。

贿赂是安全的，也是肥得流油的。巴特勒变得越来越富有，也越来越贪婪，越来越不把政界当一回事。外来资本进来了，发现巴特勒吃现成的，就越过他直接贿赂联席会成员。而联席会的人也由此知道了特许经营权的价值，巴特勒给他们的一直就是很小很小的一部分贿赂金。

接着是一场斗争，在很大程度上更像一场卑鄙的闹剧，目的是争夺腐败行为的主导权——巴特勒挤压着市立法者，保证自己的利益，而立法者们逼迫巴特勒以"公平的份额"支付好处费。原有的联席会内部形成了新的联盟，迫使巴特勒交给他们更多的钱；由于联席会成员之间相互猜疑，所以任命他们自己的代理人来对付巴特勒，这样一来，尽管巴特勒在圈子内仍然是立法代理人，但是也不得不保守他的支付人的秘密，而这个人会要求降低比例。即使这样还是不放心，联席会内的小集团又雇了"跟踪者"尾随他们的代理人，看着他进入巴特勒的家，接着跟随他来到准备分发好处费的地方。在州参议院，巴特勒的代表是查尔斯·古特克和约翰·默雷尔，在市议会则是查尔斯·克拉茨和弗雷德·厄斯奥弗，其他一些成员怀疑这些人“额外拿到的钱更多”，所以巴特勒不得不雇用第三个人替他获取联席会内部的情况。在州参议院，罗伯逊就是这样的人。当古特克告知主席来了一笔生意，主席就会召集开会，他会说道：

“先生们，今天晚上我们需要处理的提案是城郊轨道交通公司法案。我们的索价是多少好啊？”

古特克就会提出 40 000 美元的价格。圈外的某些成员就会提出 100 000 美元“更为合理”。争论常常是很激烈的，有时你甚至能听到有人拔出左轮手枪的声响。在这种情况下（城郊轨道交通公司法案），罗伯逊站了出来，提出一个 75 000 美元的妥协价格，力劝双方都退让一步，免得大家什么都得不到。罗伯逊的建议得到了采纳。接着他们会四处游说，任命代理人。他们不想要古特克或者巴特勒的任何人，所以他们选择了另外某个人。在休会期间，圈外的人就会派一个“跟踪者”监视这个代理人，有时也会派第二个“跟踪者”监视第一个“跟踪者”。

议员们开始为了自己的利益做起了交易，而且所有的礼仪廉耻都丢在了脑后，他们不时地向斗争双方出卖。1898 年交通运输总公司的交易就是个例子。罗伯特·斯奈德，纽约和堪萨斯州的一个资本家和发起人，带着一份对城市铁路利益相关方不利的轨道交通提案来到圣路易斯。城市铁路利益相关方感觉很安全。通过巴特勒，他们每年向市议会七名议员每人支付 5 000 美元好处费，但是作为预防措施，巴特勒的合伙人，也是圣路易斯最有能力的资本家之一，约翰·斯卡林支付给厄斯奥弗一笔特殊佣金，大概25 000美元，让他监视受贿的议员。当斯奈德发现巴特勒和联席会与他作对，他决心采用各个击破的手段收买联席会成员，在他的总部里大摆筵席，争取选票。这是在重大交易中，第一次出现与巴特勒的破裂，并在受贿者当中引起了一场骚动。受贿者没有直接倒向斯奈德，他们去见了巴特勒，并带去斯奈德为了获取特许经营权而开出的价格，迫使巴特勒把价格抬高到175 000美元。接着，市议会联席会在加斯特花园召开了一个会，讨论是否同意这个价格。巴特勒派厄斯奥弗参会，带去他的指示，造成一个不同意或定下一个过高的价格的结果，好让斯奈德拒绝支付。厄斯奥弗服从了，提议价格定在250 000美元，并劝说一些议员坚持住，不要妥协，直到会议闹哄哄地不欢而散。接着，每个议员为了自己的利益而忙开了，都跑去见巴特勒，也去见斯奈德。在这场混战中，议员们得到了不同的金额。四位议员分别从斯奈德那里拿到了10 000美元、15 000美元、17 000美元和50 000美元；州参议院的25名议员从斯奈德那里分别拿到了3 000美元。所有钱加在一起，斯奈德为了获得特许经营权而支付了250 000美元，而巴特勒及其支持者仅支付了175 000美元，所以被击败了，特许经营权得到了批准。斯奈德转过身来把特许经营权以1 250 000美元卖给了自己的老对手，大赚了一笔，价格差不多翻了两番还多。

从斯奈德那里拿到50 000美元的人正是厄斯奥弗，他还从约翰·斯卡林那里接受了25 000美元的贿赂金。他在被告席上讲的故事，是揭发这个案件一段最滑稽的插曲。他说，斯奈德来到他的家里，“大衣口袋里装满了钱”。他们一起坐在沙发上，但是当斯奈德走后，厄斯奥弗发现身边多了一个口袋，打开一看，里面装着 50 000 美元。这笔钱他退给了斯奈德，表示不能接受，因为他已经从另一方拿了 25 000 美元；但是他暗示他可以接受 100 000 美元。斯奈德答应了，所以厄斯奥弗投票赞成特许经营权。

第二天，巴特勒来到厄斯奥弗家拜访。厄斯奥弗先开口了："我想把这钱退掉。"他说着递给巴特勒一个袋子，里面装着 25 000 美元。

"我就是为了这个事而来的"，巴特勒说道。

审判斯奈德时厄斯奥弗出庭作证。斯奈德的法律顾问问厄斯奥弗为什么退掉 25 000 美元这笔钱。

"因为这不是我的钱，"厄斯奥弗叫喊道，脸气得通红，"我没有挣到这笔钱。"

但是他认为他本应该挣得 100 000 美元，而且他曾要求斯奈德给他这个数，或者减半也行，给他 50 000 美元。斯奈德设法把他灌醉，只给了他 5 000 美元，并顺便拿到了收据和一份签了名的声明，证实与交通运输总公司贿赂交易有关的所有报道都是虚假的，并说："我（厄斯奥弗）知道你（斯奈德）愿意提供给我的贿赂金要比我打算收的多得多。"

然而，所有这样的不合法交易的问题在于，那些立法者维持着自己的党派性和体面性，造成了虚伪的假象。联席会的核心会议上专门安排了辩论时间。一两个成员被指定代表党派讲话。有的时候他们得到指示攻击联席会，一个或两个恶棍通常会以取乐的方式当场责难他们在参议院的朋友，以确凿的事实向他们索价。

但是涉及严肃的交易，没有人知道巴特勒属于哪个政党。巴特勒活动于共和党和民主党两边，而共和党和民主党里都有人反对他。除了向一些人提供特别贿赂金外，他谁也不相信。他是贿赂活动的主要掮客，也是立法机构最好的客户，他的政治影响力开始的时候依赖于他的贿赂行为，而不是相反。

他如今已拥有几百万美元的家产，但是当他的一个亲戚劝他见好就收时，他回答说，这不是他有多少钱的问题；他喜欢这个买卖，宁愿为了一个交通岔道挣上 50 美元，也不愿意在股市上赚 500 美元。廉价买一个特许经营权，而后高价卖出去，他从中享受着乐趣。在 1899 年的照明设施交易中，巴特勒收到了 150 000 美元，但支付出去的只有不到 85 000 美元——47 000 美元给了参议院，37 500 美元给了市议会——与参议院联席会的讨价还价还导致城市连续几个星期都处在黑暗之中。巴特勒让古特克告诉联席会，他只能拿出 20 000 美元分发给他们。联席会决定对这一提案进行表决，但是，因为他们怀疑巴特勒能否“替他们保守秘密”，他们提议重新考虑。

市民们愤怒了。在动议被提交议会重新审理的那天晚上，一群人带着绳索来到市政厅。但是联席会已下定了决心。巴特勒本人也在那里，他看上去比代表们更为恐慌。在与联席会讨价还价时，他的脸上出现了汗水。在一大群人的观望下，记者离得又是那么近，一位代表对我说，他真希望在第二天的报纸上读到这场辩论的纪实报道。巴特勒时而威胁，时而恳求，但是最后答应分派 47 000 美元。这是一个展示雄辩口才的场合。发言者指着那些带着绳索的市民说，既然事情已经明摆在那里，市民想要路灯，他们就要通票赞成市民的诉求。毫无疑问，人民以为自己赢了，直到好久以后他们才知道选票已被巴特勒收买了，而市民不过是加速了这场腐败交易的完成。

巴特勒失手的第二个贿赂大案是城郊轨道交通公司提案，同样在很长时间里导致了一场灾难。特纳和斯托克在受审时一遍又一遍地讲述过这个故事。特纳和他在圣路易斯的朋友寻求一个特许经营权，为了拿到这个特权，他们愿意拿出大笔资金用于贿赂。特纳把此事对巴特勒讲了，巴特勒说办成这件事需要花费 145 000 美元。这个数目似乎太大了，于是特纳去找了斯托克，让他帮忙在议员当中游说，让这个议案获得通过。斯托克答应进行安排，但是说需要 144 000 美元——135 000 美元交给联席会，另外 9 000 美元给梅森伯格——可就在这时，钱还没支付出去，公司也没有得到特权，一纸禁令制止了所有的行动。钱被存放进保险箱里——参议院的 75 000 美元放在一个箱子里，市议会联席会的 60 000 美元放在另一个箱子里——在立法机构休会期间，发生了一场为了钱的争斗。巴特勒对这种笨拙的做法嗤之以鼻。据说，他从中得出了这样一个教训："如果你想获得某个特许经营权，千万不要去找新手。拿钱找专家，他会按期交货的。"

联席会也从中得出了自己的结论，而且他们的道德准则是，尽管贿赂本身是一种交易，却是一个很好的买卖，太容易了，只要研究一下，任何人都能学会。而他们确实做了研究。联席会当中有两个人都告诉过我，他们在全国四处走动，查找生意，而且逐渐在美国主要城市的市政委员会委员中形成了行贿受贿的关系网。芝加哥的委员会有可能来到圣路易斯，寻找圣路易斯的受贿者们在玩着什么"新游戏"，也会向圣路易斯人透露他们是如何在芝加哥做生意的。这样一来，芝加哥的受贿者和圣路易斯的受贿者就可能去访问克利夫兰、匹兹堡或者其他一些城市。如果有些城市离得远，他们也可以通过一些秘密渠道获取信息，而这些渠道遍布“贿赂世界”的各个角落。圣路易斯开会的地点设在德克尔家的马厩里，在那里谈论的想法发展成了计划，而这些计划，如同受贿者现在说的，只能是归属待定。在德克尔家的马厩里，曾产生过出卖联合市场的想法，尽管这笔交易没有完成。虽然受贿者看到成功无望，还让市场里的人为此支付了 10 000 美元。这一方案被搁置起来，留待以后有机会再实施。另一个没有成功的企图就是出卖法院大楼。一开始进行得还挺顺利，后来才发现这座建筑的地皮拨给市里用作公共事业是有先决条件的，那就是只能用作法院，改作其他用途是不行的。

不过，所有想法中最为大胆的来自费城。在那里，煤气厂被卖给了私人公司，而接下来准备出卖的则是自来水厂。从那以后，圣路易斯的家伙们就一直在寻找买家买下他们的自来水厂。自来水厂至少价值 40 000 000 美元。但是受贿者都认为他们能够以 15 000 000 美元把这家工厂卖出去，而他们可以获得差不多 1 000 000 美元，用于讨价还价。“方案就是实施计划，然后快速撤离，”一位受贿者在讲述此事时对我说，“如果能把计划与一些可透露的消息混合在一起，那么这件事就能办成。我们当中仅有一部分人认为我们能够从中赚取比 1 000 000美元还多的好处费——每个人都能得到的一笔钱。也许未来某天我们会做这件事。”

这就是我们在圣路易斯看到的贿赂体系。城市所拥有的一切都可以被当政的人拿来出售，而这些官员却是人民选出来的。购买者也许是心甘情愿的买家，也许是不情愿的冤大头，他们也许是市民，也许只是不了解内情的圈外人，对市政府来说，他们都一样。只要联席会的成员能获得收益，他们会把城市卖了。会吗？他们会的，也愿意这么做。假如市财政局长带着50 000美元跑了，城市里就会喊声一片。在圣路易斯，有组织的盗贼已经出卖了许多特许经营权和市里其他一些有价值的资产，价值达到50 000 000美元。这是银行的一个人做的估计，他说受贿者所得到的赃钱不到所售资产价值的1/10，但是他们很满意，因为所有这些是他们通过自身能力所获得的。至于未来，为我提供消息、揭发贿赂丑闻的人对我说，城市所有的资产都被列成清单留待以后售出，而这份清单是实际存在的，只是出售这些资产的计划因一个意外事件而被迫搁置——福克先生的出现。

荒谬吗？看上去当然是荒谬的，那就像我所做的那样去观察一下圣路易斯的人民，再像受贿者那样去观察圣路易斯的人民，然后做出你的判断。

请记住，福克先生的出现确实是一个意外事件。与现在其他一些城市一样，那个时候的圣路易斯人民大体上知道正在发生着什么事，但是没有民众运动。政客们提名并选举了福克先生，并期待这个人不要给他们造成任何麻烦。1901年1月1日，福克刚刚就职，巴特勒就来拜访，希望他的组织中的某个人担任福克的助手。遭到福克的拒绝后，巴特勒还没有明白是怎么一回事。他气冲冲地走了，三天后他又回来了，第二次要求福克任命他的人做助手。第二次拒绝产生了效果。受贿者们说，巴特勒走了出来，告诫他们："当心，我无法与福克做任何事情，我不知道这个人是否会盯上你们。"受贿者接受了他的警告，可是巴特勒自己却没有做到。在他看来，福克先生调查自己是永远不可能发生的事。

巴特勒感觉到的东西，公众也感觉到了。福克先生上任之初就接手调查选举中的贿赂，这时巴特勒又一次登门拜访，告诉福克不要一本正经地起诉某些人，并交给福克一份名单。圣路易斯人民笑了起来。巴特勒被福克赶出来后，福克当真对两党派的重复投票者（其中还有帮助他当选的人）提起公诉，这在圣路易斯引起了不小的轰动。这场轰动应归于其新奇性和对这样一位非党派公职官员的行为的不理解。圣路易斯不相信诚实，这种邪恶信仰在圣路易斯显示出了最初的迹象，这种迹象也成了这个城市的特征。“为什么福克先生不接受贿赂?”是一种愤世嫉俗的挑战。“几个重复投票者能掀起多大的浪来?”

福克先生是一个特别沉着冷静的人。一旦确定了自己的行动方针，他就会不折不扣地加以实施，没有什么会让他头脑发热或者改变主意。他说他会“尽职尽责”，但是没有说他会曝光圣路易斯的腐败现象或实施改革；除了观察发展动态，一年里福克没有做任何事来回应公众的挑战。但是他在做着准备。作为一位民事律师，他正在研究刑法，1902 年 1 月 23 日，当他在圣路易斯的《星报》上看到一段报道，揭发的是城郊轨道交通公司在银行里存放了一笔贿赂资金，他心里有了底。他向银行老板、城郊轨道交通公司的高管、立法者和政客们发出了大量传票，并当着大陪审团的面，连着数日对当事人进行了仔细的询问。没有人知道任何事情，尽管大家知道福克先生准备调查受贿者，但是那些行贿受贿的家伙和他们的朋友并没有感到恐慌，而公众对福克也并不满意。

“拿出起诉书来”是一种挑战，是一种恐吓，但是福克先生接受挑战，以牙还牙，他“拿到了起诉书”。这就是此事的方式：城郊轨道交通公司的人和受贿的联席会成员相互争斗的传闻在大街小巷传开了，但是人们表现出来的是一种痛苦的情绪。现金，躺在银行的保险柜里，双方都声称自己是拥有者。受贿者说这是他们的钱，因为他们已经尽到自己的职责，投票赞成批准特许经营权；城郊轨道交通公司的人说这是他们的钱，因为他们没有得到特许经营权。受贿者说，反对批准特许经营权的法令不是他们发布的，受贿者恐吓说要把纠纷提交大陪审团审理。正是受贿者把“贿赂资金”的事捅给了报界，目的是吓唬吓唬特纳和斯托克。斯托克真的被“吓住了”。当他接到福克发给他的传票时，他以为受贿者已经“告密”，顿时昏倒在地。一位负责送递传票的副手告诉福克，当斯托克见到传票上有罪的证据并不充足时，便派人去找自己和特纳的律师，并放肆地让律师做出选择，是作为证人还是进行辩护。律师很坚定，但是福克劝他还是与自己的客户商量一下，最终他们的选择是出庭作证。他们的坦白交代和在银行对贿赂资金的查抄，让福克对城郊轨道交通公司交易的内幕了解得一清二楚，也掌握了大量的起诉证据。他决定拿七个人开刀，可是第一批被控有罪的人都是很有名气和社会地位的，他们根本不惧怕被起诉，他们分别代表了圣路易斯行贿受贿的各色人等，既有权势又有钱财。这七个人有上院联席会的代理人查尔斯·克拉茨、下院联席会代理人约翰·默雷尔、“好市民”埃米尔·梅森伯格议员——他们都是受贿者；而埃利斯·温莱特和亨利·尼古拉斯，拥有百万资产的酿酒商和城郊轨道交通公司的董事，则是行贿者；至于下院联席会成员朱利叶斯·莱曼和亨利·福克纳，犯有作伪证罪。这一消息让许多人感到惊惶失措，但是行贿受贿圈子里的人结成了攻守同盟，抱成了一个团，而愤世嫉俗的人则说："他们永远都不会受到审判。"

来自外部的势力是猛烈的。福克先生这时感觉到，巨大的利益链条所形成的力量正向自己压过来。压力来自以下几种情况：一种情况是一些罪犯的身份地位，另一种情况就是那些手持保释保证书的人的品德——巴特勒是受贿者，另外一些百万富翁则是行贿人。但是最为严重的是有一群人，他们纷纷私下里来找福克先生，恳求他或者命令他停止行动，他们当中不仅有政客，还有一些是无辜的商人、杰出的律师和自己的好朋友。他认识的人几乎没有谁没来找他，一次又一次，以这样那样的方式，为一些恶棍或别的什么人求情。还有一些人，要么威胁暗杀他，要么准备毁灭其政治前途，要么是许诺提拔重用他，要么让他有利可图来诱惑他，成为合法的企业合伙人，要么为他秘密提供贿赂金——他会害怕的所有事情展示在一边，他会想得到的东西展示在另一边。"当你做着这样的事情，"他当时说，"你不能听任何人的，你必须为你自己着想，依靠你自己的力量。我知道我只能成功。而且，不管成功还是失败，我觉得不应考虑什么政治前途，所以我断绝了所有与未来前途相关的想法。"

就这样，他默默地、胸有成竹地继续自己的工作。他到底有多么沉稳，从下面这样从一个事实就可以看出来：他与一些当事人打过交道，并使他们转变成了证人，没有出现任何失误；没有人对他产生误解，没有人控告他有什么不正当行为。尽管来自身后的压力从没有停止，更有人肆无忌惮地公然示威，肆意挑衅："有能耐就往上查吧。"

福克正在往上查。有了特纳和斯托克的供词，加上对几个人作伪证的起诉书为证，他重新对证人进行审查。尽管大人物们为手下的行贿者提供了法律援助，让他们学会编造自己的故事，但是他们还是在这里或那里露出了马脚。交通总公司交易的内幕渐渐浮出水面，而且往上一直查到了由几个百万富翁组成的团伙，领头的就是巴特勒。

但是，法律条款在行贿方面的漏洞，让前方还是存在着不可逾越的障碍。美国的立法者并没有通过立法来严厉地制止这个国家的主要恶习。密苏里州将行贿者的罪责限定在三年徒刑以下，而在轨道交通案的交易中，大多数当事人都触犯了法律。但是这部法律将非当地居民排除在外，而福克先生发现，在某些时候，罗伯特·斯奈德出于虚荣心而把自己说成“纽约人”，由此他设法让斯奈德因行贿罪受到控告，而圣路易斯汽车公司董事长乔治·科布希被指控犯有作伪证罪。科布希曾发誓说，当他本人拿出钱来时，他并不知道这是为获得交通总公司特许经营权的贿赂金。科布希转变成了指控斯奈德的证人。

随着起诉书越来越多，要求惩治巴特勒的呼声也越来越高，此起彼伏，而质疑的声音明确说明，要想打破这个圈子，福克先生必须拿下这个圈子的领头者。福克就是这么做的。巴特勒在城郊轨道交通公司的交易中得以脱身，在交通总公司的交易中侥幸受到法律保护，却因为自己的鲁莽而失手。他向卫生管理部门的两位官员分别提供了2 500美元的礼金，让他们同意一份垃圾处理合同，而这项交易使巴特勒净赚了 232 000 美元。由此，这位“老人”，贿赂团伙的头子，金融区的立法机构代理人，受到了指控。

但是行贿受贿的圈子并没有四分五裂，而公众对丑恶现象的默默忍受仍然根深蒂固。还没有哪个人受到法律的制裁。审判的日子越来越近，而普遍的理解是，最先受到审判的人就是实验品。一次失败就可能让福克先生无法进行下去。福克意识到道德效应这样的后果肯定会出现。不过他对拿下默雷尔和克拉茨这两个人的案子很有把握，如果他能认定这两个人有罪，通向两党联席会和他们背后大人物的门就会打开。表面上看这些人相当自信，加上他们聘请的优秀律师，他们过得似乎挺自在。突然间，福克先生断定默雷尔是个软弱的家伙，也许会“垮掉”。默雷尔跑了。这一消息在社会公众当中所引起的震惊，如今是很难体会到了。这是证明有罪的第一个公开证据，也是打破贿赂者组成的圈子的第一个举动。对福克先生而言，这是他制服贿赂分子的第一个重大步骤，因为他这时还没有能力指控下院联席会。也是在这个时候，克拉茨跑到佛罗里达州，福克这位地方检察官只好带着此案最容易攻破的人物走进法庭，这个人就是梅森伯格。因为真正感觉到了惊恐，梅森伯格在保释保证书里提高了保释金额。所有案子的所有律师联合起来抵制这个行动，争斗持续了好几天，最后是福克赢了。克拉茨一怒之下回来寻求保释。利用自己的关系，加上自己的资产，他吹嘘能够拿出任何数额的钱，他交出 100 000 美元。不顾所聘请的法律顾问的反对，他坚持提供 20 000 美元，并公开抨击败坏其名声的企图，由此暗示自己不会被判刑。他甚至请求先审判自己，但是更加明智的人却选择了审理梅森伯格案作为开始。

梅森伯格案子的弱点在于行贿的间接性。梅森伯格，一位有名望的商人，认为自己拉选票是为了获取城郊轨道交通公司特许经营权，而不是为了钱。他以 9 000 美元的价格卖掉了大约 200 份垃圾股票。

这种做法使其看上去很像正常的商业交易，而州里五六位最好的律师似乎也力挺这种观点。然而，福克先生逐个地会见这些律师，一点一点地把他们都说服了，而福克展现的法律知识让这些律师感到吃惊，他对囚犯的态度又赢得了陪审团的好感。那个时候全国各地的检察官都喜欢高谈阔论，在法庭上滔滔不绝地讲话，福克的做法也许能改变这一状况。很自然的、没有任何恶意，福克先生是客观的，他不会攻击犯罪人。他是为国家辩护，而不是要惩罚某个个人。“被告只是一个原子，”他对陪审团说，“假如我们能够不通过惩罚个人而加强法律，我们就没有必要在这里了，可是我们不能够。只有通过惩罚犯罪分子来警戒他人，我们才能预防犯罪行为。至于囚犯，他不能抱怨，因为他自己的犯罪行为导致的结果是他咎由自取的。”在审理福克纳案的过程中，有一次前州长约翰逊谈论起了囚犯的权利，福克先生评论道，州也有权利。“啊，是的——州的权利！”前州长无言以对，而陪审团也听到了他的反驳。许多陪审团同样听到了这个观点。福克先生所道出的常备思想之一，就是让人们的头脑里形成这样的印象，即尽管刑法已经发展成了维护权利的庞大机器，但是州的权利也应当受到保护，普通的广大民众，还有上诉法院（他们常常忘记了这一点），其权利都应该受到保护。

梅森伯格被认定有罪，判了三年。随着这个人被打垮，行贿受贿圈子出现了破裂。克拉茨赶紧逃跑。他是听了别人的忠告才跑的，而且与默雷尔一样，有人允诺给他大笔的钱。然而，与默雷尔不一样的是，他坚持依据常规来决定自己的去处。他迫使一些大人物给了他很多现金，而且为了等这些人履行诺言，给他更多的钱，他冒险地等候在新奥尔良。有了他所要求的资助，这位联席会领导人越境进入墨西哥，并在那里大规模地从事商业活动。克拉菼安全出逃之后，行贿受贿的圈子重新有了勇气，梅森伯格在五位知名百万富翁的陪同下出现在法庭上，提交了 25 000 美元的上诉保证金。他对记者们说："我还可以搞到更多的钱，不过这些钱我觉得已经足够了。"

两个联席会贿赂活动中间人外逃，继续追查下去的线索就这样被掐断了，人们以为福克先生会暂时停下来，而他没有。他继续开展对证人们的审查，为了让他们开口，他指控莱曼和福克纳犯有作伪证罪，把他们带到法庭上接受审判。这两个人得到了很好的辩护，可是对他们不利的是，就像梅森伯格遇到的情况一样，城郊轨道交通公司董事长特纳和酿酒厂秘书菲利普·斯托克出现在法庭上，莱曼和福克纳因作伪证被认定有罪。与此同时，福克先生试图通过华盛顿和杰弗逊市的协助，把默雷尔和克拉菼带回来。这些通常的途径都没有打通，他只好利用自己在默雷尔的联席会的情报来源，很快了解到了最新的情况：逃亡在外的默雷尔生病了，身上又没有钱，无法与自己的妻子和朋友联系。为他逃跑而筹措的钱被别人私吞了，而拿着另一笔钱的人也没有去找他，等默雷尔找到这个人时，他又不能获得这笔钱。默雷尔想回家。福克表示很高兴他能回来，并让他在圣路易斯外的一个小镇安顿下来。安排好默雷尔后，福克开始施展自己的妙计，确保证人能证实默雷尔可能说的话。因默雷尔不在所产生的安全感让整个联席会敢于否认所有事情。1902 年 9 月的一天，福克先生把联席会的一个成员乔治·罗伯逊叫到办公室。

他们谈了很长时间。福克先生一次又一次劝说罗伯逊讲出他所知道的城郊轨道交通公司交易内幕情况。

“福克先生，我已对你说了好多次，”罗伯逊说道，“我对此事一无所知。”

“如果你能在这里见到默雷尔，你会说什么呢？”福克先生问道。

“默雷尔！”罗伯逊大叫了一声，“那太好了，这就是了。为什么，是的，我倒想见见默雷尔。”

当福克先生走到门口去召唤默雷尔时，罗伯逊还在大笑着。默雷尔走了进来。默雷尔脸上的笑容消失了。罗伯逊手抓着座椅，就像触电似的跳起身来。好不容易站稳了，他像看见鬼似地凝视着默雷尔。

“默雷尔，”福克先生平静地说道，“把戏已经被拆穿，不是吗？”

“是的，”默雷尔说，“一切都完了。”

“你已经说出了一切？”

“所有事情。”

罗伯逊瘫坐到椅子上。过了一会儿，等他恢复了自我控制，福克先生问他是否准备好，谈一谈城郊轨道交通公司的交易。

“好吧，我不知道自己还能怎么做。福克先生，我服了。”

罗伯逊讲出了一切。有了默雷尔、特纳和斯托克的支持，加上几卷钱的物证，福克先生以受贿罪或作伪证罪，或二罪兼有，一举对下院联席会余下的十六名成员进行起诉。一些人逃跑了。其中一位，查尔斯·凯利，另一起案件的主要证人，携带巨款跑到欧洲，谁也没有想到他会有那么多的钱。风头过后，他回来了，手里剩余的钱数仍然相当可观。密苏里州一位重要的金融家差不多也是在这个时候离去的，等他与凯利前后脚回来时，金融案件的法规限制庇护了他们两个人。

在福克获得的所有成就当中，上述人的失误大部分得到了利用。有人评论说，福克先生还没有证明一个非常富裕的人有罪。这时，斯奈德的案子被提到日程上来，福克抓住这个机会向众人表明，即使是钱的力量，也并非不可抵抗。斯奈德，堪萨斯城的银行家，没有否认或试图反驳对他行贿行为的指控；他为自己辩护，声称自己连续多年居住在本州。福克先生没有被这个人的辩解搞得措手不及，他证明了斯奈德的行贿罪，也证明了斯奈德不是这里的常住居民，致使这位银行家被判入狱服刑五年。

其间还进行了另一场审判，所审判的对象是下院联席会的埃德蒙·伯斯，他被认定犯有行贿罪和作伪证罪。但是这时，人们的所有兴趣都集中在对爱德华·巴特勒的审判上。这位老大，人们说过，是不会被起诉的，即使被起诉，也永远不会受到审判。现在要审判他了，人们又在说，这个人永远也不会被认定有罪。

当团伙老大特威德在纽约接受审判时，他的权力被终止了，他的核心组织被粉碎了，他的钱财被耗尽了，人民对特威德的愤怒被激发出来了。纽约州最好的律师为特威德辩护，而圣路易斯最优秀的律师则为巴特勒辩护。他仍然是老大，拥有数百万美元，而且在他身后，圣路易斯各界的头面人物，包括金融界和政界的重量级人物，都在支持着他。人民反对他的意愿似乎只能以一种迹象表现出来，那就是组建特别陪审团，其成员经过精心挑选，以防止这些人私下里与被告有什么牵连。这些陪审团一直坚持判定受贿者有罪。巴特勒请求换一个城市接受审判。福克先生提议在哥伦比亚，密苏里州的大学城。

福克的建议得到了采纳，巴特勒的几个儿子带着随从先赶到哥伦比亚，期望“搞定那里”。他们大把大把地花钱，而且与他们一起大吃大喝的游手好闲之徒人数众多，巴特勒的人以为他们“已经掌控了这里”。但是他们并不了解哥伦比亚，巴特勒也是如此。当巴特勒从火车上下来，他快活地问道：“这里的主要生意是什么？”

“教育。”这是他听到的回答。

“教育！”他脱口喊了一声，“这算是什么生意！”他自顾自地往前走着，似乎没有理解教育是怎么一回事。他的朋友已经在为塑造巴特勒的“好人”形象做着准备，而巴特勒本人也在努力证明自己是这样的人。他在酒吧和街道上受到了热情接待和欢迎，听到了人群当中许多人说的奉承话，致使巴特勒的人认为福克别想活着离开哥伦比亚。但是福克可比巴特勒更了解这里的人民。圣路易斯最关心的事就是审判巴特勒，而福克与他们的意愿一样坚定，始终认为他的陪审团绝不会妥协，那就意味着，圣路易斯沉默的人民对贿赂行为深恶痛绝，离开圣路易斯来到这里，他更加确信这一点。他是对的。哥伦比亚没有出现抗议福克的示威游行。他同样受到了欢迎，只是以更庄重的方式罢了；尽管心存成见，但是他所看到的却是友好的面孔和善意的目光，陌生人的挥手让他有一些压力，但那也是温暖的。当陪审团成员的名单通过抽签的方式确定下来后，名单上的人被证明都是民主党人，其中三位还是民主党县委员会委员。有人敦促福克对此提出异议，因为巴特勒上校毕竟是他们核心组织的头子。可是福克接受了这份名单。他本来还可以对约翰·霍克迪任法官提出反对意见，因为这个人也是民主党人。“不，先生，”福克说，“我是民主党人，我将在民主党人法官和民主党人陪审团面前起诉巴特勒。”

此次审判的场面可以说是空前绝后的，以前没有过，以后也可能不会出现。古老的法院大楼并不大，位于一条街道的一端，而不远的另一端就是大学，街道两旁拴着许多农工的骡马。四面八方的人们赶到这里观看这次审判，而且为了在心里记住这次审判的意义，人们在法院大楼入口处停下脚步，重读一遍早些年凿刻在墙上的一段文字：“啊，正义，如果在别的什么地方受到驱赶，那就让这里成为你的安身之处。”你可以看出这段铭文的恰当性已经在人们的头脑里扎下根来，而且就是带着这种精神，他们走进了昏暗的法庭。座位上坐满了人，人们急切的面孔表达出了相同的情感。陪审团观看着，法官体现了法庭的尊严。法官虽孤身一人，却沉着冷静，而且专心致志，从容不迫，通情达理；人们对他的法律常识很有把握；你能够理解他的裁定；说到他的正直，你会深信不疑，甚至觉得他似乎多少有那么一点偏向被告。我不认为人们会找出什么错误，哪怕是微小的错误，用来推翻约翰·霍克迪。[①] 即使是检察官也是公平的。这不是爱德华·巴特勒在接受审判，而是州在接受审判。福克先生以前可从来没有如此真诚地恳求为自己工作的初衷而做出说明。法庭之外，一些教堂里召开了祈祷会。这些聚会是私下举行的，很有节制，祈祷的市民甚至没有告诉福克，他们在乞求上帝给予福克力量。这种力量间接地传递到福克身上，来自他的人民，而人民赞许深深地感动了他。事实清楚的案子得到了清楚的陈述，当福克向陪审团做出最后请求时，他的讲话

① 参见本章结尾的后记。

摆出了许多重要证据，没有掺杂任何个人情感，充分表现出了一个爱国的检察官服务于民、维护公正的必要职责。“密苏里，密苏里，”他轻轻地，以朴实的、令人信服的真诚语调说道，“我在祈求你，祈求你。”陪审团的人明白了。法官需要的只能是明确和公平，但是十二个人接受了他的指示出去了，等他们回来，他们的结论是：“有罪，三年。”

那就是密苏里。圣路易斯怎么样呢？一些年以前，当年轻的巴特勒刚开始堕落时，他因赌博被抓，而针对他的诉讼，圣路易斯奋起向他提出了挑战。整个城市到处都有人在召开会议——其中一个是在市中心的交易所里举行的——谴责这个政治领导人，而这个人，总是在犯罪，竟然敢于犯下组织赌博的重罪。现在，当他因贿赂罪被捕，被认定有罪，被宣判，圣路易斯做了什么？当我们那天都返回来时，我在大街上听到的第一个评论是：“巴特勒永远也不会坐牢。”我一次又一次听到这样的话，而你现在也可以从银行家和理发师那里听到类似的话。巴特勒本人的行为举止合乎礼仪。几个星期以来，他都待在家里——直到由最佳居住区的市民组成的一个委员会登门拜访，请他出面，向州参议院提交一份提案，以改善他们那里的道路，而巴特勒真的做到了！

许多人在向福克先生打招呼，其中就有来自高层的警告，认为他现在走得太远了。接踵而来的是警察部门的一个命令，告诉他此后他与警察部门的联系均以书面形式进行。这就意味着监禁行动将要拖延，这就是说战斗还要进行下去。好吧，不管怎么样，福克先生也是这个意思。

"警官，"福克对那个带信来的人说道，"谁派你来的就回到谁那里，告诉他我明白他的意思，另外告诉他，从今往后，我与他那个部门的所有交往都以起诉书的形式进行。"

那个部门急忙退避，再三解释和道歉，并尽可能地提供所有的设施。福克先生继续做着自己的事。他开始审理尼古拉斯这个酿酒厂老板，以贿赂罪对他进行指控。尼古拉斯辩解说，自己并不知晓所背书的 140 000 美元的支票会做什么用。根据这一辩解，法官将案子从陪审团那里带走，并做出无罪的裁定。这是福克先生输掉的第一个案子。但是他拿下了接下来的八个案子，所有受贿的立法者，以 14∶1 的卷宗记录获得胜利。但是最高法院严格地按照法律条款进行审理，所以案子审理得缓慢，这成了这样的犯罪分子的最后一招，他们在那里赢得了第一场战斗的胜利。[①] 梅森伯格案被退回来重审。

福克先生的任期只剩下两年的时间，可是需要他完成的工作还很多，而他又是一位不达目的誓不罢休的勇士。可是结束这一切的突破口在哪儿呢？更多的人有待于控告，更多的人有待于审判，还有许多腐败行为需要揭露。不过，圣路易斯的人民对这些有足够的了解。对此他们准备做些什么呢？

他们已经获得了一个机会来采取行动。1902 年 11 月，就在巴特勒被认定有罪之前，但是在审判开始之后，进行了一个选举活动。一些职位的填充也许不得不与贿赂扯上关系。福克先生接手贿赂案是很

① 参见本章结尾处的后记。

自然的事情，但是政客们避开这个问题。两党都不“需要”福克先生。两个党在凑选票时都接受了巴特勒的忠告。民主党没有在竞选时为福克提名，他们任命巴特勒的儿子竞选议会席位，而他因选举时作弊一次又一次被驱逐出去。

“为什么?”我问民主党的一个领导人，而他说，在他的组织中，他控制着除了四个选区之外的全部选区。

“因为我需要巴特勒的这几个选区。”他答道。

“可是，这个城市的反贿赂情绪难道不足以抵消这些选区的影响吗?”

“我不这么认为。”

也许他是对的。然而，律师和恳求一定有着某种价值。

福克先生说：“99%的人民是诚实的，只有1%的人不诚实。尽管只有1%，他们的危害性却是很大的。”换句话说，人民是很好的，但是缺少好的领导人。另一位官员——其本人是无可指责的——说道：“麻烦的是找不到第一个扔石头的合适人选。”

然而，也许是这样，下面我们看看实际情况：

在所有这些轰动事件中，以及这种明显的、难以控制的政治腐败中，天真的市民，他们本来至少应该是决定性的少数派，但在1902年秋天他们并没有参加选民登记。报纸上说，巴特勒有一些旅行车，带着据说是重复投票者四处活动，而且登记注册的选民数量好多年以来一直都很低。当巴特勒团伙的选票被唱出来时，你听不到有谁表示抗议。开展独立运动的时候到了。第三种票获胜的可能性也许不大，但是却可以向政客们展示城市里有多少诚实可信的票，无论他们是否把这些票计算在内，但可以让政客们知道，他们不得不预料到民众情绪所产生的力量及其所形成的后果。可是这种事却没有出现过。富裕、肮脏、被掠夺的圣路易斯还是忙着做交易。

很快又有了一个机会。1903 年 4 月，市里投票选举市立法委员。既然市议会一直是最为腐败的场所，你一定会以为贿赂肯定是那时的一个问题。我对此持怀疑态度。1903 年 1 月我在那里时，政客们正准备采取措施防止贿选，而他们有独创性的方案就是在选票上做手脚。这就是说，每个领导群体应提名一半的被提名的人，而这些候选人就会被集中在完全相同的票上，根本没有任何对手。为了避免别人的怀疑，这些提名将是异常的，是的，“相当好。”

这就是老巴特勒非党派或两党体系。现在，这个体系以富人为后盾发威，这就意味着他们的团伙完好无损，时刻警觉，还很有希望。他们在“为争取时间而拖延”。坐在市议会里的罪犯，向上级法院申诉的罪人，逃到国外的富人，城市里的银行家——都在那里等待着什么。他们在等待什么呢？

查尔斯·克拉茨，这位上院前议长、上院联席会主席和中间人、逃避法律制裁的外逃犯，而他的外逃阻碍了那些有钱有势之人罪行的暴露和定罪，这些人仍然控制着密苏里州人民，并设法不让贿赂行为成为人民眼中的一个政治问题，这种因犯罪而外逃的人，就这样受到支持。克拉茨在墨西哥被人问到这个问题时，他给出的回答是：

> “我在等福克任职期满。到了那个时候我就回家乡竞选密苏里州州长，并证明我无罪。”

后记

选票并不是“非常好”。“贿赂”没有被提到议事日程，也没有进行“改革”。两党兼行的贿赂者，以改革者和“受人尊敬的”商人为后盾，顽抗到底，而老大巴特勒重新组织了新的州参议院，任命他的人做发言人，并让他的垃圾处理厂主管出任公共卫生委员会主席。（为了获利，他曾为这个厂子行贿，而就根据这一点他被认定有罪。）

密苏里最高法院推翻了巴特勒的案子，并一个接一个地推翻了所有其他的贿赂案，最终全部翻案。司法的整个机构在贿赂势力的逼迫下逐渐解体。然而，与此同时，福克先生在揭露了密苏里州的腐败，并宣布自己为州长候选人后，开始向各方求助，从法庭到人民，从圣路易斯到密苏里州，呼吁大家支持自己当选。

4. 匹兹堡：一座羞耻的城市

明尼阿波利斯是警察腐败的一个例子，圣路易斯是金融腐败的一个例子。匹兹堡这个城市则既表现在警察腐败方面，又表现在金融腐败方面。明尼阿波利斯和圣路易斯这两个城市已经各自找到了揭露腐败现象的官员。匹兹堡却没有这样的人，也没有这样的曝光事件。这座城市从其物理实体上讲，一直被描述为“揭开了盖子的地狱”；但从政治上讲却是盖着盖子的地狱。我不打算揭开盖子。阐述人民所知道的和他们的立场才是本书的目的，而不是揭露这里的腐败行为，况且曝光匹兹堡并不是非做不可的事。城市里有些热心的人，他们声称这座城市很快就会自我毁灭。我对此表示怀疑，不过，即使这座城市真的自我毁灭，匹兹堡人民从中了解的情况，也不会比他们现在知道得多。这不是说无知让美国公民服从，也不是说冷漠让美国人民屈从。匹兹堡人民，尤其是他们当中强大的少数派，知道自己的关切，他们已经奋起打破犯罪团伙的圈子，并获得了胜利，只是四处寻找，发现他们身边又出现了新的圈子。他们愤怒和羞愧，他们试图争取自由却又失败，匹兹堡就是这样类型的城市。

匹兹堡是宾夕法尼亚州的第二大城市。两条河流从其境内流过，汇聚为一条新的河流，流向前面的俄亥俄州。在其周边和地下蕴藏着丰富的天然气和煤矿，为这里数以千计的高炉提供燃料，白天，这里的天空飘散着烟雾，到了晚上就可以看到红彤彤的炉火，这使匹兹堡成为美国的伯明翰。从居民的生活质量上看，丰富的自然资源使这里成为最富裕的地区。这里的人们六天六夜都在劳动，炼钢炼铁，但他们不觉得劳累；到了第七天他们休息，因为那一天是安息日。他们是苏格兰长老会教友和爱尔兰新教教徒，这一人群的实际多数并非很多年前自然形成的。如今，虽然从严格意义上讲，匹兹堡的人口已增长到 35.4 万人（如果把河对岸阿勒格尼地区的 13 万人算在内，加上其他社区的人口——尽管这几部分在政治上是分离的，但本质上是“大”匹兹堡不可分割的组成部分——其人口总数已经达到了 75 万人），苏格兰裔移民和苏格兰-爱尔兰裔移民仍然占据着主导地位，而其清洁、刚毅的面孔，能让人在大街上的人流里将他们一下子就识别出来。精明、忙碌、勇敢，他们几乎是在无人知晓的情况下建立起自己的城市的。这里的人即使赚了几百万美元，也不会向外人提起。直到外面的人进来买下他们当中一些人的产权，这个世界（匹兹堡和匹兹堡的一些百万富翁也包括在内）才发现，这座钢铁之城不仅仅生产钢铁和玻璃，也生产千万富翁。大约三年前的一天，一位银行家悄悄告诉一个商人，用不了六个月的时间，“匹兹堡就会诞生大约 100 个新的百万富翁”，而后来他们的出现完全符合预期。除此之外，十万富翁就更多了。但是，即使这么多有钱人聚集在这里，也没有对这座城市造成伤害。匹兹堡是一个繁荣的城市，这里的人们不喜欢炫耀，他们是一群勤劳、健康、稳重的人。

然而，虽然他们在其他一些方面也比较出众，但是从政治上讲，以苏格兰-爱尔兰裔移民为主体的匹兹堡并不比以爱尔兰裔移民为主体的纽约或以斯堪的纳维亚裔移民为主体的明尼阿波利斯好多少，与以德国裔移民为主体的圣路易斯相比也只是稍好一点。所有这些移民或移民后裔，和自由美国人的任何其他血缘亲戚一样打劫政府并让政府遭到打劫，并向打劫团伙的老大鞠躬。说这个或那个族裔玷污了“伟大而又光荣的社会公共机构”。这样的非美国式借口没有任何意义，我们都出卖了自己城市的名誉，所有的都以相似的方式繁衍。没有任何抱怨能证明，城市的底层人口是耻辱的来源。圣路易斯的腐败就是来自上层，明尼阿波利斯的腐败则源自社会底层。在匹兹堡，腐败现象既存在于上层，也存在于底层，但根源在上层。

铁路建设开始了这个城市的腐败进程。正如一位年长的公众人物在与我交谈时说的那样，“始终有一些不诚实的行为”，但是在最早的人公司使这座城市商业化并获得尊敬之前，不诚实的行为或者犯罪行为还只是偶尔出现的现象。匹兹堡市政府发行债券，以便帮助刚刚兴起的铁路建设快速发展，然而，与美国的许多其他城市一样，道路部门拒绝清偿债务和利息。宾夕法尼亚铁路从一开始就在这个体系当中，而且，当其他铁路公司进来，发现市政府已经被先前的铁路公司买通，他们便通过贿赂原有铁路公司来购买他们的线路权，然后加入到这个圈子里，为自己获取更多的权利，并阻止迟来的对手搅和进来。随着公司成倍地出现，资本业务一再拓展，腐败现象自然而然也就多了起来，但是“匹兹堡计划”弊政的显著特点是，这个计划不是偶然发展的，而是一个通过深思熟虑组建起来的聪明的组织。匹兹堡的弊政是由一个人在头脑中想出来的，凭他的意志建立起来的，而这一杰出人才，与纽约的克罗克，一个稳定的多数派人物不同，也不像圣路易斯的巴特勒，一个跨党派的少数派人物，这个人所统治的是整个城市的金融、商业和政治。匹兹堡的老大就是他——克里斯托弗·马吉，一个伟大的人。当他去世时，他被匹兹堡许多强势人物认为是该市最有影响力的公民。

马吉是一位很有魅力的人物。我曾见过，当有人谴责马吉的圈子时，匹兹堡人的脸色就会阴沉下来。但是当我问："马吉是一个什么样的人?"他们就会冷静下来说道："马吉？马吉是上帝创造出来的最优秀的人，是一个最好的人。"如果我笑了，他们会说道："没有关系。你可以笑，你可以着手去揭露这个圈子。你可以把这座城市描述为全国最差劲的地方。但是如果你误解了马吉，你就会引起匹兹堡人的愤怒。"也许了解真相后的将来，他们会告诉我："马吉敲诈了这座城市。"或者，也许，他们将会想到为这位已故老大立纪念碑的那笔基金。

所以，我必须要小心。从技术层面上讲，马吉没有敲诈这个城市。这不是他的方式，而且在宾夕法尼亚州也真的没有必要这么做。不过可以肯定的是，不值得为这个人建一座纪念碑。

马吉是一个地道的美国人。他父亲的曾祖父参加过美国独立战争，并在战争结束后定居在匹兹堡。马吉出生于1848年4月14日，耶稣受难日。直到他15岁时才被家里送到学校读书。后来，他的父亲去世，他的叔叔，那时候是一个老板，在市财政局给他找了一份工作，使他有了一个不错的生活起点。在他刚刚 21 岁时，他就当上了出纳员；两年后，他又以绝对多数票当选市财政局局长。

马吉的名气从这样的背景起步，不过，虽然他将自己的名气系统化、资本化，但总归会有延续到头的那一天，因为名气的基础毕竟在于善良的心和个人魅力。马吉身材高大，体格强壮，形体优雅。他的头发浓密，呈暗黑褐色，他的胡须、眉毛是黑色的，他的脸庞，虽然看上去那么亲切，流露出爽朗的善意，但无疑表现出了对权力的渴望。他野心勃勃，渴求权力，而他的善良之心完全受其精明头脑的指挥。

当马吉看到自己身边自然形成了一批追随者，虽然他还年轻，他还是意识到应该将自己的优势利用起来。他辞去职务（只保留了消防委员一职），公开表明自己想当老大的意愿。他决心让自己的圈子完美。他去了费城，研究那里正在实施的计划。后来，当特威德团伙土崩瓦解时，他花了几个月时间在纽约观察坦慕尼派的标准化方法，以及造成该派暴露并分裂的原因。他懂得了，开朗且直率的态度能够缓和公众的义愤。他将自己在纽约的所见所闻讲给自己的一位同乡听（而这个人又告诉了我）。当马吉回来后，他报告说，一个圈子可以建得与银行一样安全。一开始，他所在的城市正忙于自治，两个政党也不那么对等，而且组织得都不太好，他清楚地拥有自己的领域，而且还拥有城市、县和州的多数党支持。贿赂现象存在着，但是由许多人分享着，而且散乱无章。统治工具是 1816 年的旧章程，授予市政委员会、众议院和参议院所有的权力——立法权、行政权和行政执法权。市长就像个治安官，没有什么权力，也不用负什么责任。事实上，任何地方都没有什么责任可言。通常由政府部门完成的工作，被市议会的各委员会所代劳，不拿薪水的、没有什么责任的议员被分别组织起来，在马吉着手建立独裁权力之前形成了联席会。

为了控制市政委员会，马吉必须组织选区，而他在初期做得非常成功，这时一个新的重要人物出现了，他就是威廉·弗林。弗林是爱尔兰裔移民，一流的合同承包商，天生的政客。他在自己的选区战胜了马吉的一个兄弟。一番询问之后，马吉笑了起来，发现这是一个性格与自己相反的人才，或许能够互补，于是便与弗林建立了合作伙伴关系。一个快乐的、互惠的组合，他们的合作维持了一生。马吉想要的是权力，而弗林想要的是财富。他们各自满足了自己的需求。但是，为了获取更多的权力，马吉花费了他的财富，而弗林通过运用权力获取了更多的财富。马吉是播种人，而弗林则是收割的人。在与人们打交道的时候，这两个人形成了谁也缺不了谁的关系。马吉吸引追随者，弗林雇用他们。马吉赢得的人，弗林强迫他们服从，而他失去的人，马吉再把他们争取回来。当市议会第一次处在马吉的控制之下，他站在大厅里引导议员们，其手段总是提出建议或者请求，有时就会出现一个卑鄙的、不领情的家伙，说自己不能听从。马吉就会告诉他，这没有什么关系，这样的方式可能保住了这个人的面子，却让他失去选票。所以，弗林站到了大厅公示板前说道："喂，你去投赞成票。"如果他们不服从这一简单明了的命令，弗林就要惩罚他们，其手段如此严厉，迫使他们去找马吉抱怨。马吉安慰他们："不必理会弗林。"他会同情地说："他也给我带来了没完没了的麻烦。不过，我倒希望按照他的要求去做，权当是在为我做事，让我来对付弗林。

我会收拾他。”

马吉还可以发号施令，组织战斗和实施惩罚。如果他一直是孤独的，他很可能会随着岁月的流逝而变得更加冷酷无情。弗林也是如此。马吉去世后，他则一天天变得温和起来，但为时已晚。弗林是马吉的有用助手，而对弗林来说，他又离不开马吉。蜜糖和醋，外交和武力，头脑和意志，他们相互配合得非常默契。但是，马吉是一个天才。正是马吉奠定了他们共同制订计划的基础。

马吉的想法并不是让市政府堕落腐化，而是要取代政府；不是通过收买等手段在市政委员会争取选票，而是要控制自己的市政委员。所以，将自己组织的控制权抓在手里之后，他提名粗鄙的人和可信赖的人充当市政委员会特别委员和一般委员会成员。亲戚和朋友是他的第一选择，然后就是酒吧男招待、酒吧老板、白酒经销商，以及其他一些邪恶行业的恶棍，这些人受制于警察条例，以经商的方式依赖于法律的弊端。至于余下的，他喜欢雇用一些没有明显经济来源的人。为了维持这些人的生计，他采用了惯用的手段——资助。为了保证家属的安全，他接管县政府。匹兹堡位于阿勒格尼县境内，而共和党在县里的势力要比在匹兹堡强大。不管市里发生了什么事，县的工资表单总是马吉的，而且他使县成了市政府的一部分。

掌控了这个城市和县所有重要职务的任命权，马吉开始蓄意挖民主党的墙角。少数派组织对多数党的领导人是很有用的，在平常的日子里，他们可以帮他免除麻烦和担心；如果共和党内部出现危机，他可以利用少数派来敦促自己的追随者归队；当城市里的人民奋起反抗，绝对统治权就是必不可少的手段，你具有的权力不仅要防止少数党领袖与好市民结合，而且还要有能力将两大组织联合起来，对社会进行强制改革。此外，假想的反对党的存在分化了独立选票，并有助于保持活跃的情绪，“忠诚于党”，这是老大约束不守规矩的属下最好的口号。所有的老大，正如我们已经在明尼阿波利斯和圣路易斯所看到的，超越党派偏见。马吉，他们当中最聪明的，也是最慷慨的人，喜欢战胜对他有用的对手。每当他听说某个选区有个能干的民主党人，他就会派人找来自己在共和党的手下。

“某某是一个很好的人，不是吗?”他总会这样问，“他会让你很麻烦，不是吗? 那就查清楚他想要什么，我们就会知道可以做些什么了。我们一定要把他拿下。”就这样，那个能干的民主党人为自己或者为朋友谋到了职位，而他所在的市或县为其支付工资。曾经有人告诉我，差不多有 1/4 地方的工资表单由民主党掌握，当然，他们感谢马吉，是他在紧急情况下运用自己的影响力与反叛的共和党人抗衡。很多时候，一个屈从的民主党人获得共和党的选票以打败“危险”的共和党人，而马吉，当他的职业生涯接近尾声时，希望进入州参议院，两党联手一致同意对他的提名并选举他为州参议员。

商人，几乎与卑鄙的政治家一样，也加入进来，同样由市政府埋单。马吉已经控制了城市的公共资金，选择哪家资金托管机构。对于一般的银行家来说，这就足够了——他的银行不仅现在被选中，并有权决定在将来也许还有希望被选中，因为马吉只与匹兹堡最好的金融机构打交道。这样的服务不仅能使银行家温顺，还能为马吉和弗林在他们的银行获得信贷。接着，弗林和马吉的业务很快地发展起来，其大规模很快就吸引了最大的金融机构，银行家希望从贷款中获取自己的利润，从而使他们在大宗交易的绝好机会里进行资金的分配和分享。由此，在匹兹堡形成了银行的圈子、信托公司的圈子、经纪人圈子。马吉通过许多市政授权、特许权很好地掌控着工厂和商人，这些特许权包括铁路岔道、铁道侧线、码头泊位、街巷空地等。这些空地在大多数城市有巨大的功效。一家铸造厂占据了一个街段，并扩展到了相邻的街段，希望获得两个街段之间的空地。在圣路易斯，商人为自己的街道行贿。在匹兹堡，商人得去找马吉。我曾听到有个人这样赞美马吉："当我去拜访他时，他办公室外面坐满了等待接见的政客。但是他知道我是一个商人，很忙，便最先把我叫了进去，没有跟我做任何争论，就给了我那条街的使用权。我告诉你吧，马吉去世的那一天是匹兹堡人最悲伤的日子。"这个商人，美国无处不在的典型商人，并不会比政治家更关心自己所在城市的利益，而且在这样的言论里，所显露的美国政治的腐败要比大多数曝光的细节更加耸人听闻。匹兹堡的商人为了能在"竞选经费捐款活动"中获取他们的小恩小惠，再加上为了保住自己老板脸面，或者为了获得市民的广泛许可，以及支付高额税收，而不得不掏钱。

至于铁路，它们不必等人收购或驱使它们进入，铁路同样迅捷地出现了。在宾夕法尼亚州出现得更早一些，正是马吉在背后起了作用，他推动了铁路的通行，并在市政委员会和后来的州立法机构留心观察，确保获取收益。宾夕法尼亚铁路的通行，尤其是通往大西洋城和哈里斯堡的线路，在匹兹堡一直就是"伟大的嫁接"。对于那些马吉控制交通用得着的人，他们的价值超过了一张选票的价格，使某个人"闪现"就是展示其权力的徽章或与圈子的关系。当然，如果团伙里的大人物在商业交易中陷入困境，他们就能从铁路公司得到财政援助，如股市内部消息、股市投机及其他资金周转手段，还有政治支持。宾夕法尼亚铁路公司是宾夕法尼亚州政治中的一股力量，是州议会圈子的一环，也是匹兹堡圈子的组成部分。城市为所有各种各样的权利和特权，以及街道、桥梁等支付款项，并在某些时期，城市的商业利益做出了牺牲，任由宾夕法尼亚铁路公司独自控制货运业务。

马吉很好地控制了城市、县、共和党和民主党组织、铁路公司及其他企业、金融家和商人，他只需要州议会能使他拥有绝对的权力，而他获得了这样的权力。在像纽约这样的州，那里一个党控制立法，而另一个党则控制城市，在这些城市里的人们也许会期待从两党对峙的状态中得到一些保护。在宾夕法尼亚州，共和党具有压倒性的优势，而位于哈里斯堡的立法机构是宾夕法尼亚州各个城市必不可少的部分，而这个立法机构是由州议会统治的。马吉的圈子是州议会圈子的一个主要环节，而且没有比权利更能说明马吉的圈子是州议会圈子的一个主要环节的了。这样的安排很容易。有一个人，名字叫马修·奎伊，从人民那里获得州的所有权力，马吉见到了奎伊。他们没有丝毫的麻烦就达成了相互理解。弗林在参议院，马吉在议会大厅，他们为奎伊在州议会的交易提供政治支持，作为报答，奎伊则向他们交出州的立法职能。

尽管这样的安排在美国政治中是司空见惯的事，但他们通常采用的是口头协议，而且保持得相当不错。马吉和奎伊之间的相互理解，还建立起了秘密的、相互信任的关系。但是遇到危机，奎伊有办法取得获胜的关键点，而马吉的权欲却没有极限。所以，为了权力和战利品的分配，奎伊和马吉开始争吵。经过几年的争吵，他们开始以书面形式形成协议。这些珍贵的文件从未被公开过。但是在一次激烈的争吵中，该协议被打破了，当时弗林和J.O.布朗承诺解决分歧，重签契约。弗林亲手用铅笔抄录了经过修订的协议的副本，并交给奎伊，而奎伊的儿子后来把这份协议拿出来公之于众。这是一份完整的合同，其中包括所有无意识说出来的幽默的话，还有对夸口拥有自治政府的人民在政治、法律、商业等方面的侮辱。

“第一部分的M.S.奎伊与第二部分的J.O.布朗和威廉·弗林之间的备忘录和协议，这一协议基于这样的考虑，即此协议也许能够导致双方在政治和商业方面形成优势互补。

第一部分M.S.奎伊在第二部分所说各方的所有州事务和国家事务中，从其影响力受益，各方同意，他们将确保参加州代表大会和全国代表大会的代表选举，并按照第一部分的意愿，引导代表参与所有问题，这些代表还将确保从第43、第44和第45选区选出州参议院成员。在本协议关于处理所有政治问题的存续期间，根据第一部分所说的一方的意愿和请求，还要确保选出阿勒格尼县莫农加希拉河和俄亥俄河南部众议院成员，并引导他们。所提到的各个位置的不同候选人将由第二部分的各方加以选择，而且，如果任命是由或通过第一部分的党或他的朋友或他的政治伙伴提出的，应能满足并确保第二部分的党的赞同。影响第二部分各方的所有立法，也影响第二类城市，应受到第一部分的党真诚的合作和协助，而可能影响他们交易的立法同样也应得到第一部分的党的真诚合作和帮助。全国代表大会很快就要在圣路易斯召开，关于这次会议已经达成明确共识，即来自第22选区的代表无论是发言还是投票，都必须满足第一部分的党的意愿。第一部分的党同意使用他的影响力，并保证帮助他的朋友和政治伙伴支持共和党在县、市的选票，一旦得到提名，无论在匹兹堡、阿勒格尼市，还是在阿勒格尼县，在本协议延续期间，他都将通过他争夺县职位的朋友和同事，阻止派系争斗。该协议对第二部分的各方不具有约束力，任何定居在阿勒格尼县的候选人都可竞选任何职位，如果第一部分的党是美国参议员候选人，就目前职位而言希望成功连任，该协议将具有约束力。在第 43 参议院选区，应选出一个接替参议员厄珀曼的新参议员。在第 45 参议院选区，第一部分的党应保证 A. J. 巴希费尔德博士退出，而第二部分的各方将撤换参议员候选人斯蒂尔，第二部分的各方将确保选举让某个党当选，以使他们感到满意。在第 22 选区，国会议员候选人将由第二部分的党挑选。此协议自签字之日起长年有效，并在 C. I. 马吉签字之后对所有各方具有约束力。”

就这样，匹兹堡市就由州转交给个人随心所欲地加以管理了。马吉的圈子是完整的。他就是城市，弗林就是议会，县是他们的，而且就匹兹堡市而言，他们拥有了州立法机构。马吉和弗林就是政府和法律。他们怎么会犯罪呢？如果他们想从城市获取什么东西，他们通过一项法令授权就是了；如果与其他一些法令发生冲突，那就废除或修订这些法令。如果州的一些法律妨碍了他们，州的这些法律也要修订。如果国家宪法被证明是一个障碍，就像所有的特别法，立法机构就会为第二类城市（匹兹堡独有的）制定一项法律，而法院支持立法。如果公共舆论反对，这种措施也同样有其用途。

1886—1887 年，戴维·布鲁斯通过发起民众与议会的斗争拿到了新契约，他的做法成了马吉以及在他之后的奎伊和宾夕法尼亚其他一些老大效仿的例子。随着其统治机器越来越强大，马吉觉得市议会各委员会运转不灵便，他想在某些方面做出改变。他拿起布鲁斯的宪章，该宪章将所有行政与管理的权力和责任都集中在市长及其各职能部门负责人身上，使其通过立法，但是也做出了一些修改，即各部门负责人不再由市长任命，而是通过议会选举产生。这些选举在上届议会期满时举行，这样一来各部门负责人职位就会延期，而他们的赞助人保证重新选举出来的市议员会选举他们担任各部门负责人。马吉-弗林的政治机器，比以前更完善了，自生自存。据我所知，在任何其他城市里都没有过这样的事。比较起来，坦慕尼派就像是个玩具，从城市管理角度来看，克罗克就像马吉身边的一个孩子。

为了便利，匹兹堡贪污受贿的方式分为四大类：特许经营权、公共合同、色情场所、公共资金。除了这些，还有很多其他混杂的掠夺对象，如公共用品、公共照明、自来水供应。你也许听说过以较高价格购买较差消防车这样的事，从市政工程租用的供水租金总是降不下来，因为向南部供水的私人公司，其收费不能超过城市，为城市供气的一份煤气供应合同被轻率地加以利用。但是我不能对此一一进行探究，也不能停下来详尽地去了解这个体系。公共资金被以无息的方式留给他们选定的银行托管，而城市需要用钱时，则要以高额利息才能借出，或将资金转移到银行，而银行的股东正是他们圈子里的人。所有这些事情都是在法律允许的范围内进行的，伟大的匹兹堡计划潜在的原则就是这个。

就拿色情行业里的贪污来做例子吧，这里与纽约和其他大多数城市都不同，没有敲诈勒索现象。这是一种合法生意，不必听从警方的指挥，而是由辛迪加以有序的方式进行管理，上次选举获胜一方的一位主席说过，这个行业每年给他们带来的利润是 25 万美元。我见过这样一个人，他因提供 1.7 万美元申请老虎机特许经营权，而受到人们的嘲笑。有人告诉他，想租用老虎机需要缴纳更多的钱才行。非法经营的酒店或无证售酒的酒吧拿的钱更多，如果他们 24 小时赚的钱为 500 美元的话，酒店或酒吧业主的收入也就只能勉强维持生活。妓院由行政区房地产合伙租赁团进行管理。许可由集团的房地产经纪人授予，经纪人独自就可以出租房屋。租赁团从房主那里租一套房子，比如说每月 35 美元，然后转手以每个星期 35～50 美元的价格出租给妓女。至于家具，租户必须去“法定家具店”购买，而家具店则以 3 000美元的价格将价值 1 000 美元的“设备”卖出，然后依据票据以很高的税率上税。至于啤酒，租户必须去“法定啤酒供应商店”进货，1 美元一箱的啤酒缴纳 2 美元税费。葡萄酒和烈酒，则要求去“指定售酒专员”那里购买，5 美元的酒卖 10 美元。如果买衣服，必须去“指定服装店”。这些妓女如果想买鞋、帽、饰品，或任何其他奢侈品、必需品，必须以指定的垄断价格从官方特许经销商那里购买。如果妓女们还有什么剩余的，警察或城市的其他一些官员就会打电话让她们送过去（在匹兹堡有些以前当过警察的这样的官员）。不过这是敲诈和体制外的，而这种做法也得到了社会的理解。许多人，包括社会各界人士，分别对我说出了那些被指定的经销商的名字，其中就有卖酒的、卖珠宝的、卖家具的，他们虽然声名狼藉，却过着安然无恙的生活，因为他们没有做任何违法的事。无论多么难以忍受，多么卑鄙，随你怎么想吧，匹兹堡的体系是安全的。

这是弗林-马吉计划的基调，但色情业不是他们的生意。他们因抑制混乱的、表面正派的色情业条例而受到赞颂，这可是匹兹堡的一个特点。我知道，有人说过，在费城和匹兹堡的计划之下，这两个城市在这一方面十分相像，“所有的贪污和所有的赞助都要越过一张桌子”，但是，如果任何“赃钱”，送到了匹兹堡老大的手里，就目前我可以证明的而言，是以向党捐助基金的形式进行的，而从色情业经销商拿来的钱，则要通过其他商人转手。

马吉和弗林，匹兹堡的拥有者，使匹兹堡成了他们的交易场。按照经济学术语的意义，垄断者准备盘剥这里的资产，似乎这是他们的私有财产。为方便起见，他们对这些资产进行了划分。马吉拿走了金融企业的一些分支机构，并将街道为己所用，提供给自己专营权，还有建筑和铁路运营权。

弗林为他的公司——布鲁斯弗林有限公司，得到了大量公共合同，他的许多分支公司也蓬勃发展起来。破旧的街道得到了重修，新的道路得到了铺建；整个地区的环境得到了改善，还建起了几个公园，盖起了许多楼房。在随后的好几年里，他们改造城市的步伐很快，其间只有一个时期停了一段时间，那是因为马吉要在这个时期修建公共交通运输设施，工程太多，布鲁斯弗林有限公司不得不把所有的力量都投入到这项工作上来。有人说，任何其他承包商都不能有如此充分的“成套设备”，以适当地补充布鲁斯弗林有限公司的工程项目，也许这就是为什么这家公司不得不总是做这样的大型公共工程。弗林的公共工程总监是 E. M. 比奇洛，他是马吉的表弟，老乡绅斯蒂尔的侄子；毕格罗，人称奢侈者，负责制定规范，他把工程给那些最不负责任的投标人，然后在施工期间和完工之后去进行检查和验收。

弗林有一个采石场，这里的石材被指定为公共建筑专用材料；他还获得了某种沥青使用的垄断权，而这种沥青又被指定为必须采用。事情远不止这些。如果官方承包商完成了自己的项目，价格又合理，该市本不会直接蒙受损失，但是其方法让产权人难以忍受，引起了他们的愤慨。然而，这些产权人并没有采取任何行动，直到奥利弗·麦克林托克，一个商人，公开站出来愤怒抗议这样的合同，并通过法庭与他们进行斗争。这位单打独斗的公民，其坚持不懈、英敢奋战的事迹，是该市历史上最好的故事之一。懦弱的同胞要么皱眉，要么警告，但都没有打动他，他也不惧怕其他商人的联手抵制、团伙的威胁，以及团伙喉舌的嘲笑。乔治·格思里后来加入他的行列。虽然他们无畏地坚持斗争，还是一次又一次地被人家打败。市政工程的主管控制着法院审判程序的立法提案权，他选择的法官可以任命法庭视察员，其结果是，据麦克林托克的叙述，视察员报告是由市政工程部门编造出来的。明知没有什么获胜的希望，麦克林托克先生对弗林修建的一些道路拍了照，那里被挖开的路面表明："从下水道里挖出的大块石头、半截的砖、铺设人行道剩下的煤焦油碎片，都被胡乱地弃置在坑里，用作地基的填充物，结果造成地基不稳固，凹凸不平，沉陷或破损的路面在城东的人行道上四处可见。"一家圈子之外的沥青公司试图打破垄断，但是在 1889 年轻而易举地被打败，只好退出，事后一位官员说："我们大家都给了匹兹堡广泛的操作空间，承认进行竞争是无效的。市政工程部门的大门已被锁上，不让我们进入，而拿钥匙的正是布鲁斯弗林公司。”垄断不仅造成高额的短期担保，而且还影响着所有其他临时性工程。

“采用1887年章程随后的九年里，”奥利弗·麦克林托克先生在写给全国市政同盟的报告中说道，“一家公司（弗林的公司）几乎承接了所有的沥青摊铺合同，其价格范围为每平方米1.2～2.15美元，明显高于周边城市的平均价格。依据193份合同记录的，这九年里铺设的沥青路面的总量当中（耗资3 551 131美元），只有1896年的九个路段不是弗林的公司铺设的，成本为33 400美元。”

这个城市的桥梁建筑、路面维修、公园建造、城市预期改造的房地产交易，对市民来说都是引起丑闻的原因，而对那些“被允许以最低价参与工程”的人来说则是丰厚利润的来源。限于篇幅，本书对这些人的情况就不细说了。另一次曝光是在1897年，涉及的是一份新建公共安全大楼的合同。J.O.布朗是公共安全部门的主管。一家名字叫《领导者》的报纸，呼吁民众关注这项工程的交易；乔治·格思里和威廉·罗杰斯，匹兹堡酒吧业的领军人物，开始追究此事。他们发现了一套关于建筑本身详细的规格说明，特别异常，任何一个其他城市都没有过这样的记录。受到优待的承包商被提名承建大楼，所准备采用的物品全部通过；J.O.布朗在写给建筑商的一封信里包含了他所偏爱的物品的具体规格，例如：“务必把西屋电气公司生产的照明设备和发动机列入工程计划书。”“尽可能详尽地描述范·霍恩钢铁公司的产品。”附加条款规定石料由弗林的公司提供，而这是引起骚乱的又一个主要因素。弗林的采石场出产利戈尼尔石块，而利戈尼尔石块是指定的建筑石材。在布鲁斯弗林有限公司的一封信里，他们告诉建筑商指定的价格是 31 500 美元。一个地方承包商表示愿意提供田纳西州花岗岩，这是一种更贵的石材，运费也较高，约 19 880 美元，但这没有什么关系。然而，另一个地方承包公司愿意以 18 000 美元的价格提供利戈尼尔石块时，改变就是必要的了，J. O. 布朗指示建筑师“明确规定，利戈尼尔石块必须是淡蓝色的，不能是杂灰色的”。弗林的采石场有这种淡蓝色石料，其他人的则是“杂灰色品种”。还有证据表明，弗林 1895 年 6 月 24 日写信给建筑师说：“我今天已经见过布朗主管和古尔利审计官，他们已同意让我们开始实施施工计划，并为新的建筑准备石料。请做出安排，让我们在星期三之前拿到草图……”草图提供给了他，这样一来，早在招标广告发布之前，他就已经开始准备淡蓝色石料。议会委员会里坐满了人，他们都听到了指控，但是这些指控没有一条是针对他们的，除此之外，指控针对的是公共工程的主管，而不是威廉·弗林。

老大并不是政府官员，不承担任何责任。弗林唯一的一次身处险境是市检察官判定的一个案子，W. C. 莫兰和 L. H. 豪斯，弗林的两个助手，犯有挪用公款罪。这些官员被发现短缺约 30 万美元。其中一人认罪，两人都被送进了监狱，但是都没有说出钱去了什么地方，而这些信息直到后来才被披露出来。《领导者》报的 J. B. 康奈利在市检察官办公室找到的支票存根表明，大约 118 000 美元已经划给了弗林或布鲁斯弗林有限公司。当有记者第一次就此事问询弗林时，他说，款项的数目是对的，他拿走了那些钱，但是他已经向审计长解释过这一切，审计长也表示满意。这样的回答表明，这笔钱属于城市。当市里要求他说明情况时，他说他不知道这是城市的钱。他以为这是从豪斯那里拿到的私人贷款。而豪斯不是一个富裕的人，他的工资每年只有 2 500 美元。此外，这些支票由市检察官 W. C. 莫兰签了字，其数额从 5 000 美元到 15 000 美元不等。但是，钱在哪里呢？弗林作证时说，他已把钱退回给豪斯了。那么，收据在哪里呢？弗林说，布鲁斯弗林公司的办公室曾发生过一场火灾，这些收据就在那个时候被烧毁了。法官做出有利于弗林的裁决。他们认为，还没有证据证明弗林知道这些支票是公众的钱，也没有证据表明他没有退还这些钱。

然而，正如我以前说过的那样，不合法的行为在匹兹堡是很少见的，也是不必要的。马吉并没有盗取特许经营权，然后去销售。是议会把这些特权给了他。他和忙碌的弗林拿到了这些特权。就像其他事业成功的人一样，马吉通过卖出、买进、资金资助和运作等方式利用了这些特许经营权修建铁路，并被认为是年轻人应该学习的榜样。他的铁路，合并到电车联合公司，其资本被核定为 3 000 万美元。匹兹堡的公共债务大约是 1 800 万美元，而马吉的铁路建设的利润就可以抵消债务。“但是你必须记住，”人们在匹兹堡的银行里说，“是马吉承担着风险，而他的利润只是企业的报酬。”这就是商业。但是从政治上来说，这是统治权利的滥用，因为受欢迎的老大马吉以他自己开出的条件，给了自己所有他想占有的匹兹堡的街道：永远，什么也不用支付。在芝加哥有一个丑闻，批准的许可证期限为 28 年和 50 年。马吉的理解：“950 年”，“999 年”，“该许可证将存在 1 000 年”，“该租约将永远存在”，“市政委员会所给予的特许经营权是终身租约”。有这样一个传说，马吉的一个喜欢捉弄人的兄弟弗雷德·马吉，为了乐趣，把这些期限用在政府补贴中，毫无疑问，和蔼的马吉也看到了其中的乐趣。我问道，是否可以把同样的玩笑期限用于车辆税中，因为这是城市长期使用其道路可以得到的唯一补偿。但有人解释说，这是一个疏忽。车辆税原来是向老式马车征收的，后来又向电车征收，因为一直没有人缴纳，就被遗忘了。对资产达 3 000 万美元的公司来说，每年至少应缴纳 15 000 美元的车辆税，而几家公司直到最近才不情愿地打算缴纳这种税。1885 年后的十二年间，所有的交通公司共同支付城市 60 000 美元。而老式马车在 1897 年支付 47 000 美元，自行车 7 000 美元，综合轨道交通公司①（马吉先生的公司）支付 9 600美元。自行车和马车的速度受法律限制，而有轨车辆却不受约束。法律对他们的唯一要求是轨道交通公司必须坚持维修轨道两侧一英尺之外的人行道。

但是，他们并没有照办，他们让市里安排 20 名警察守卫交通线路的交叉点，每年为这些警察支付的工资就有 2 万美元。

因为团伙并不满足于街道所带来的好处，他们便设法让城市为轨道交通公司服务。市政府被视为轨道交通公司的“工作人员”，建筑桥梁是他们的功能之一。匹兹堡是一座有着许多桥梁的城市，但是其中多数适用于普通的交通运输。当马吉的有轨车辆需要通过，其中一

① 匹兹堡市所有的轨道交通公司于 1901 年终止经营，合并到匹兹堡轨道交通公司，经营线路为 404 英里，经营资本约 8 400 万美元。1902 年 7 月 1 日他们发布了一份业绩报告。报告称，1901 年总收入为 7 081 452.82 美元。1902 年，他们向匹兹堡市支付的车辆税为 20 099.94 美元。按照总收入 5%的普通税率纳税，他们本应缴纳 354 072.60美元。

些桥梁不得不重建。尽管受到了市民和媒体的抗议，该公司还是要求市政有关部门必须以良好的条件重建桥梁，并为了适应轨道铺设而进行路基建设。如果有些市民申请铺设一条与现在的布龙菲尔德铁路线相连的线路，并建造一座横跨宾夕法尼亚铁路的桥梁免费供城市使用，那么作为一种补偿方式，他们能拥有的权利也就是在这条线路上运行他们的车罢了。他们没有得到专营权。克里斯·马吉（还有弗林）得到这个专营权后不久，他们却不做任何事情，市政府建造了这座桥，重建了其他三座横跨宾夕法尼亚州铁路的桥，还在轨道交汇处建了一座桥——总共五座桥，成本是 16 万美元！

可以这么说，作为精明的苏格兰裔移民后裔，匹兹堡人忍受所有这一切 25 年，并为修建克里斯·马吉纪念碑认捐了大约 34 000 美元。这事听起来像发生在美国任何其他出了大毛病的城市，但是从匹兹堡的荣誉这个角度看，应该说，总还是有人在坚持与团伙进行抗争。早在 19 世纪 50 年代，戴维·布鲁斯就主张建立良好的政府。我们也见到过奥利弗·麦克林托克和乔治·格思里，像英国议会领袖约翰·汉普登那样，奋起反对他们的暴君。但总是单纯地为正义疾呼，只在法庭上战斗，一切都是徒劳的。直到 1895 年，他们揭露出来的团伙罪行才开始在公众当中产生影响。他们大胆地向选民发出呼吁，而选民恰恰是老大权力的来源。他们支持并赞助布鲁斯先生和其他一些勇敢的人，共同发起举行群众集会。群众集聚起来。那里的杰出人物并不是很多，但是很明显，人民与他们站在了一起，他们当即组织起了市政联盟，并在 1896 年 2 月大选时启动这个联盟，发起打击贿赂团伙的运动。

市政联盟由五个人负责，他们是布鲁斯．麦克林托克、乔治·史蒂文森、波洛克博士和奥托·希林，他们与格思里先生联合起来。他们利用民主党的有限资金，推举格思里先生以独立候选人的身份竞选市长。这是一个很需要胆量的事情，接着他们发现了我们已经在圣路易斯和明尼阿波利斯发现的方式。在他们举行的群众大会结束之后，布鲁斯告诉我，那些本应该公开支持运动的人偷偷地接近他，私下里轻声地对他说，如果能不说出他们的名字，可以指望他们提供资金。“会场之外的这些人，”他说，“表示赞成的人当中只有一个人愿意公开他的名字。他给我提供信息以对抗团伙的人在公开场合上却为团伙说话。”麦克林托克先生在向全国市政联盟委员会宣读报告时说道：“然而，到目前为止，最令人感到沮丧的是，我们发现许多有代表性的市民对此表现出了无动于衷的冷漠。这些人，无论是哪个方面看，都理所当然地被视为社会的典型成员。我们发现，圈内的一些杰出的合同承包商、享受市里特许经营权的制造商、富有的资本家、经纪人、交通公司及其他公司股票持有人，他们都默不作声。他们的责任感受到了抑制，他们的影响力在投票前和投票日压倒了我们。另外，我们还发现，庞大的轨道交通公司和一些较大的制造企业，他们的资金支持和政治支持以其无比的能力，控制着数千员工的选举权，在票数上压过我们，理由很简单，他们当中有人说得很直白，为了提高企业效益而去与团伙老大做交易，要比直接与市立法机构的民众代表打交道容易得多。我们甚至发现，许多银行的主管虽然没有明显流露出敌意，但是对任何市政改革运动都持冷淡的中立态度。正如一位银行老板说的那样，‘如果你想在匹兹堡成为重要人物或者赚钱，那就必须置身政治潮流当中，了解城市圈子的内部情况’。”

这就是腐败，却被称作“很好的交易”，其危害性甚至超过政治上的贪腐。

明尼阿波利斯贪污受贿者之间的争斗给了那里的大陪审团一个机会。圣路易斯贪污受贿者之间的争斗给了约瑟夫·福克打破坚冰的机会。所以，在匹兹堡，奎伊与马吉的争斗让市政联盟看到了机会。

对奎伊来说，正好相反。他认为匹兹堡人民的奋起是自己的机会。他和马吉的关系从来就没有好过，他们经常争吵，每隔几年，弗林和其他一些人都得出面调停他们之间的分歧，而每次吵闹的结果都是签订一份“互惠交易”协议而了事。1895—1896 年的争斗特别激烈，尽管拼凑了一份协议也没有打消各方的怒火。马吉和弗林，还有费城的老大马丁，他们打算从政治上灭掉奎伊，而奎伊呢，走投无路，被迫投入到这场“生死决斗”中，成就了他事业上的一段传奇。听着费城人们发出的怨言，看着匹兹堡市民在奋起反抗，奎伊勇敢地登上了改革的讲坛，提出了振奋人心的口号，“坚决禁止利用我们城市的钱搞腐败”。从奎伊的角度看这太滑稽了，而匹兹堡人则非常严肃，笑不出来。可以这么讲，他们同样是在为自己的生死存亡战斗，看到有一位老大站在他们这一边，那些商人觉得受到了莫大的鼓舞，他们发现“与一位老大打交道要比与人民代表打交道容易多了”。无论会怎么样，1896 年 2 月的市议会选举中，到场投票的人的大多数，都投票反对团伙。

这不是历史。根据记载，改革派的票数比圈子少了差不多 1 000 张。投票结束后，截至夜里 1 点钟，收回来的票数表明，乔治·格思里竞选市长的票数遥遥领先。几天后，所有选票收回的行动突然终止，而正式计票的结果却是，圈子赢了。除了表面的造假证据外，事后一些党徒私下偷偷地议论，不仅说出了格里思先生被排除在外的原因，还透露了其中的细节。格里思先生向法院提出上诉，请求重新计票，然而，他的请求遭到拒绝。法庭认为，根据法律，无记名投票禁止打开票箱。

就这样，圈子控制着匹兹堡，而不是匹兹堡人。他们看着奎伊控制着议会，希望奎伊这位改革者能够帮助他们。因此他们为匹兹堡制订了一份共同纲领，以此为依据将城市归还人民。奎伊看出这是可以利用的工具，表示认可，他许诺让这份纲领获得通过。市政联盟、商会，以及其他一些有代表性的团体，都以为胜利在望而备受鼓舞，纷纷派人去哈里斯堡的一些委员会，敦促那里的委员接受纲领，而他们的演说者愤怒声讨马吉-弗林团伙一桩桩暴行和绝对权力的滥用，当然不是恶言漫骂，而是依据事实。他们的共同纲领一路高歌猛进，通过了初审和二审，奎伊和马吉-弗林团伙之间的斗争逐渐进入白热化阶段。一切看上去都不错，可是突然却寂静下来。奎伊在与敌人讨价还价，而共同纲领就是他手中的大棒。奎伊想回到州参议院，他的愿望得到了满足。匹兹堡人看着他当选，看着他走了，可是他们的共同纲领再也看不到了。这就是发生在宾夕法尼亚的事。奎伊这个人，对匹兹堡做了这样的事，然后如法炮制，一次又一次对州的所有城市做着类似的事情，获取所有的利益，甚至政治利益，他这时就是宾夕法尼亚州的老大！

匹兹堡善良的人民不再抱有希望，而接下来的四年里，关于这个城市政府有实质性内容的故事，不过是政坛老大们相互斗争的个人史的一条线索罢了。马吉想去美国参议院，他去了，而且还带着老大马丁和费城的沃纳梅克，以及他自己团伙的弗林。奎伊发动城里的大小老大们，暗中削弱他们的权势，很快在费城搞掉了马丁。推翻马吉可不是容易的事，如果不是马吉的身体状况出了问题而因病去世，奎伊也许永远也完成不了这个艰巨的任务。匹兹堡留给了弗林，可是他的专横作风如今没有马吉为他化解了，所以很快惹来了麻烦。危机源自弗林与他的市政工程公司主管 E. M. 比奇洛之间的一次争吵。比奇洛与弗林一样，也是个专横傲慢的家伙，他竟然背着弗林将一些合同公开拿出来让大家竞标。怒不可遏的弗林指使董事会撤掉了比洛奇，安排另外一个人顶替，重新制订了招标说明书。

此事激怒了托马斯·斯蒂尔·比奇洛，那位主管的弟弟，也是老斯奎尔·斯蒂尔的另一个侄子。托马斯本来就与马吉有着很深的宿怨，那还是早年在交通公司的交易中结下的。托马斯很有钱，多少懂得一点政治，而且他相信金钱在商业游戏中的力量。他直接去了哈里斯堡，用自己的钱帮助奎伊竞选参议员，并且赢了，这是他的第一个目的。

但是他并不满意。匹兹堡人看到了各位老大之间又发生了争斗而产生了新的希望，加上消息传来，1900 年人口普查将斯兰克顿划入“二级城市”，又让他们受到了鼓舞。匹兹堡和斯兰克顿都不得不制定新的法律条款。匹兹堡看到了制定一份好宪章的机会。托马斯则看出这是消灭马吉-弗林团伙的大好时机，于是委托被市民信任的威廉·罗杰斯起草新的法案。起初，这是一份很不错的宪章，将权力集中在市长手里，可是也做了一些变动，那就是使州长有权随意撤换不听话的市长并任命听话的市长，这种做法持续到了 1903 年 4 月，这一年经选举产生的市长就职。这是托马斯的一个手段，借此打破匹兹堡公职人员由圈子内确定的惯例。可是马吉这时还没有死，他和弗林去见了州长斯通。当州长询问谁是合适的人选，马吉指定让资深人士 A. M. 布朗来当市长，理由是这位律师在匹兹堡口碑不错。

然而，布朗在市政府各部门的领导位置几乎保留了所有圈子里的人，只撤换了一位，这让人民感到非常失望，这是托马斯的失败，对圈子来说却是胜利。然而，缺少了马吉，弗林无法约束他的手下胡作非为，而这帮手下的极端行为让布朗市长十分恼怒，使托马斯钻了空子，敦促市长必须采取行动。布朗市长突然撤掉了团伙成员在各政府部门所担任的职务，并开始彻底改组政府。这一举动逆转了民众的不满情绪，却没有持续多长时间。圈子里的头子们再次去找州长斯通，州长撤换了托马斯的人——布朗，任命了一位圈子里的人接替。这样一来，圈子得到了完全的恢复，并依据宪章不断增强他们的势力。

州长异常粗暴地滥用职权干涉市政府事务的做法激怒了匹兹堡人民。在任命新市长时，州长斯通在通告中加了一条附言，否认自己受贿，但是于事无补。匹兹堡人以前并没有听说过贿赂的事，可是附言却形成一份报告在社会上流传。该报告明确透露，圈子（银行、企业的一些老板）曾筹措了大量的钱作为基金，送给州长，让他插手市政府的工作，这个消息极大地伤害了市民的感情。市民们准备在 1902 年 2 月的选举中打败圈子，这次选举是为了选出审计官和半数的市政委员。人们自发地组织起了自己的政党市民党。运动进行得激动人心，对阵双方都竭尽全力，参与投票的人数也是匹兹堡有史以来最多的一次。甚至圈子的票数也创造了纪录。然而最终市民们赢了，获得了8 000多张选票。

这件事让人民明白，只要努力，有些事他们是可以做到的。他们是那样高兴，转而投身另一场选举，拿下了县议会——圈子的大本营。但是这时他们有了自己的政党，需要关顾，可是他们没有关顾好。当他们拿下了城市，就忽略了自己党的运转。托马斯·比奇洛知道多数党的重要性，他从一开始就很重视这个市民党。更确切地说，他或许也参与了这个党的发起活动。改革者们所知道的一切就是，这个名字叫市民党的委员会是由二十五个人组成的——五位市政联盟的老成员，余下的其实是一些由社会各色人物聚集在一起的“大杂烩”。市民党并没有为此有什么烦恼。他们认识托马斯·比奇洛，但是托马斯这个时候并不着急表现自己，而市民党继续信心十足、充满热情地开展工作。

1903年，当市长竞选开始的时候，市民有一天猛然醒了过来，发现托马斯·比奇洛成了他们党的老大。没有人确切地知道托马斯什么时候爬了上来，知道的时候他已经掌控了市民党，而且市民党的“大杂烩”成员已经与他站到了一起。此外，托马斯充满活力地开始应用常规的老办法。这一切都非常令人震惊，但也非常有意义。马吉死了，眼瞅着弗林的末日也快要到了，但仍有老大，接连不断出现的老大，与原来的老大一样。好市民受到了震动，他们左右为难的窘境令人觉得可笑，但也会让人严肃起来。他们无能为力，只能观望。托马斯提出了一位市长人选，而这个人市民们是永远也不会选择的。弗林提出了一个更好的人选，希望能抓住市民的心。市民们说，他们能看出谁是这位候选人的后台，弗林说道："我已经退出政治这个圈子。马吉死了，我在政治上也死了。"没有人愿意相信他的话。正派的民主党人希望恢复他们的党，并提出了化解僵局的方法，但是托马斯带着钱参加了他们的大会，而可怜的民主党组织被收买了。钱的味道在市民党这一侧吸引了许多受贿者，就是弗林沉船上的那些耗子，许多企业的人走了过来，很快人们就明白了，有了新的老大，有了新拟定的一份协议，城市准予的特许经营权包括了五个说明书，轨道交通问题将在他们中间得到解决，把票投给弗林的人，其诱惑力还是很强的，但是老的改革者似乎觉得，现在唯一应做的事就是消灭弗林，稍后再处理托马斯·比奇洛。这一观点占了上风，托马斯·比奇洛赢了。匹兹堡最优秀的人是这么说的："我们粉碎了一个圈子，我们又医治好了我们身边的另一个圈子。可是现在，我们不得不打碎这个圈子。"

就我的理解而言，匹兹堡有一种精神。尽管多年来这个城市畏畏缩缩，到处都有腐败现象，但确实还是有所发展的。城市摆脱了城市政治对党派偏见的迷信——被打败了，重新爬起来。那么现在，当他们本该为一次胜利而感到自豪时，他们却看得清楚：这也许还是一次失败。老一代的斗士，醒悟的或者正在醒悟的，感到羞辱，但仍然是无畏的，他们说得很简单："我们必须做的就是重整旗鼓，继续斗争。"然而，与此同时，匹兹堡的一些年轻人成长起来了。他们继承了相同的精神，准备以他们自己的方式进行尝试。上一辈的人利用多数党来挽救城市，但是他们失去了党。年轻一代则组织起了城市选民联盟，提议从一个政党摇摆到另一个政党，冷漠的市民少数派总是愿意有人领导他们，这样就可以提高候选人的标准，改善常规党派政府的特点。托马斯·比奇洛的意图是将弗林组织的旧部接过来，将其与他的市民党合并，形成所有党派的合作。如果他能做到这一点，年轻的改革者就不必在两个政党之间做出选择。但是老的勇士们还站在那里，以原有的名字或别的什么名字重建市民党。然而，无论所选择的道路是什么，至少匹兹堡人民会为建立好的政府做些事情或尝试着做些事情，尤其是怯懦和腐败不知羞耻地出现在其他城市之后，匹兹堡的努力，虽然有些可怜，却是令人瞩目的事件，对美国人的自尊自爱是有好处的，而其坚强让古老贫穷的宾夕法尼亚看到了希望。

5. 费城：腐败与心安

美国的其他一些城市，无论其自身的状况是什么样子的，都轻蔑地认定费城是最糟糕的城市："美国管理最差的城市"。圣路易斯、明尼阿波利斯、匹兹堡以某种耐心屈服于其他任何地方的嘲笑，来自费城最友好的建议受到了不屑一顾的拒绝。费城人是"懒散的"、"昏昏欲睡的"，无望地接受团伙统治，他们却"自满自足"。"政治上愚昧无知"，费城被假定没有什么闪光点可用来照亮普遍事物状态。

这么说是不公平的。费城确实存在着腐败现象，但是不能由此就瞧不上这个城市。在美国，任何一座城镇都能从这个伟大的、有代表性的、有着典型政治体验的城市身上学到某些东西。纽约可以为自己的诸多弊端找到借口，因为那是一座大都市；芝加哥可以为自己找到情有可原的理由，因为其强化发展；费城是美国的"第三大城市"，其发展一直是渐进而自然的。移民问题一直因破坏美国城市的状态而受到指责。可是费城，有47%的当地出生人口，他们的父母也是当地出生的，是美国许多较大城市当中"最美国的城市"。这座城市也"很好"，而且聪明。我并不知道如何准确地衡量一个地区的智慧，不过，宾夕法尼亚一所大学的教授曾经向我解说过他的教育信念，认为加强群众教育是摆脱政治腐败的一条道路。他举例证明，许多受到偏爱的承包商在承包市政工程时以“合理的商业利润”为理由，大肆非法收取佣金和回扣。我们需要痛彻陈词的另一点是，那里的人们总是借口过于忙碌，无暇顾及公共事业的发展，他们这么说：“不过我们已经做出承诺，等我们富裕到一定程度，有了更多的休闲时间，我们会做得更好。”费城多年以来享受着极大的、分布广泛的经济繁荣和财物分配；这是一座像家一样的城市；这里的人口，男人、女人和孩子，每五个人就有一套住宅；这里的居民给人一种感觉，那就是这里的生活要比之前居住过的任何地方都舒适安逸。一些费城人根据他们的轻松和舒适程度来解释自己的政治状态。还有另一个阶层的人，他们是乐观派，希望不久以后能生活在“贵族社会”里；与世界其他任何地方相比，费城人更加确信自己的城市存在着“真正的贵族阶层”，可是这个城市的贵族很常见地存在于圈子里，或者说这样的贵族没有政治上的用途。这时我们听到费城人说：“我们是年轻的民族。”还说：“再过些年，当我们有了传统，就像其他一些古老的国家那样，我们也会是诚实的。”从自然风光和文物古迹方面讲，费城是美国最古老的城市之一，也是财富积聚最丰富的地区之一，是美国这片美丽国土上最具有优良传统的地方。然而，有人以玩笑的方式告诉我，一伙受贿者是如何与独立大厅（位于费城，独立宣言签字处）古老的钟声相配合，并没有把他们受贿得来的钱财“分摊”计算在内。

有人大笑着告诉我，费城是一座有代表性的城市。事实上，正是这个“笑话”才使其成为典型。美国所有城市的市政府糟糕的程度是不同的，而所有的人民都是乐观派。费城同样是一个腐败的城市，那里的人民是最安于现状的居民。明尼阿波利斯已经开始清理，匹兹堡已经做过尝试，纽约每隔一次选举就会进行一次斗争，芝加哥则始终坚持战斗。甚至不知羞耻的圣路易斯在最坏的情况下也开始出现骚动（尽管选举已经结束）。费城是自豪的，那里善良的人们防御腐败，并吹嘘他们的统治机构。我的一位教授朋友，其对待非法交易佣金和回扣的观点，就是一种很典型的费城式类型。另外一个人，以其强烈的地方自豪感大声辩解道："至少你得承认，我们的政府机器是你见到过的最好的。"

可耻吗？其他一些城市这么说。但是我要说，如果费城是耻辱的，那不仅是这个城市的耻辱，不仅是宾夕法尼亚的耻辱，更是美国的耻辱，美国人品质的耻辱。因为这个伟大的城市，在许多方面是那么具有代表性，在政治经验方面并不落后于纽约，甚至超过了纽约。费城是一座有自身改革经历的城市。经历过腐败所有典型的阶段，费城已经经历过了这样一个历史时期：19 世纪 60 年代和 70 年代后期，沿着詹姆斯·麦克梅恩和煤气团伙的路线，推举老大作为领袖，分享着各种各样的战利品。这是特威德集团腐败的阶段，而这个时候的圣路易斯，刚刚开始出现腐败。在两场鼓舞人心的民众反抗运动中，费城向煤气团伙发起进攻，并打破了这个圈子，于 1885 年实现了美国诸多城市的梦想——制定了一份好的宪章。所以，费城目前的状况并不是改革前的状态，而是改革后的状态，在这一差别中存在着令人吃惊的普遍意义。自《布利特法》生效以来，费城已经发生的事很有可能还会在美国其他城市出现，当然是在"改革完成之后"。

由于改革对我们来说通常是反叛，而不是推翻政体，很快就会收场。人民并不是在寻求什么自治，他们避免自治。“改革”是间歇性的努力，去惩罚坏的统治者，选出某个能领导好政府的人，或者制定出能达到预定目标的什么措施。政府的自动管理形式是一种古老的迷信。美国是有发明才能的民族，人们都认为能够在某一天设计出一个立法机器，而这个机器又能自动地转变成一个好的政府。费城人一直珍视这一信念，其历史要比其他城市长久，而且费城人经常尝试着这么做。贯穿这座城市的整个历史，费城人一直在寻求这样美妙的宪章，有了《布利特法》，他们认为自己已经找到了这样的宪章，因为《布利特法》从行政和政治两方面将权力集中在市长身上，使他有足够权力全面负责。此外，城市管理并不那么需要人民的想法和行动。当《布利特法》生效时，期待人民所做的一切，也是他们不得不做的，就是把一位优秀的商人选作市长，而这个人以其正直廉洁和政治常识，会给人民带来良好的经济管理，而这一点正是许多改革者的理想。

《布利特法》于1887年开始生效。由十二个人组成的委员会包括四位来自联邦派同盟，四位来自商业组织，还有四人都是老大，委员会挑选出一个人，在委员会的领导下，以共和党候选人身份参加竞选。这个人是埃德温·菲特勒，一个能干的、诚实的商人，他当选了。说来奇怪，菲特勒的行政管理让市民感到满意，时至今日，不仅市民说他的好话，就是政客们也对他大加称赞；老大麦克梅恩（圈子破了，不是老大了）求助于接下来的一次全国会议（美国政党为总统候选人提名而召开的），一个来自费城的、真诚支持菲特勒竞选总统的代表团。这是一场闹剧，但是却让菲特勒先生感到很愉快，也让马修·奎伊这位州老大感到高兴，于是让菲特勒在第一轮投票中得到了一张赠票。政客们不仅“愚弄”了菲特勒先生，他们也在“愚弄”下一任市长埃德温·斯图尔特，这位商人同样是一位可敬的绅士。这两位的管理，为费城目前的政府、费城人似乎能够容忍的腐败现象、“至少是你见过的最好的统治机器”奠定了基础。

费城的机器并不是最好的，这个机器很不健全，我怀疑这样的机器在纽约或者芝加哥是否能够运转起来。美国典型的政治机器是有其忍受力的，那就是能自然成长——深深地扎根于人民，并吸收营养。纽约人为坦慕尼协会总部投票。费城人不投票，他们被剥夺了公民权，而他们权利被剥夺保证了费城政治的运转。

这不是一个比喻说法。费城最诚实的市民在投票站投票的权利，并不比南方的黑人多。可是他们仍然非常努力地去进行斗争，争取自己的基本权利。与他们谈论南方几个州的黑人因为受到民主党白人的恐吓而不敢投共和党的票，你会激起这里共和党人的愤怒，但是如果你随意提醒某个费城人，说他现在的境况也是这样，他看上去像是吓了一跳，然后说道：“是这样，的确如此，只是我从来没有这样想过这个问题。”他说的是真话。

政治机器控制着选举的整个过程，每个阶段的操作都充满着欺骗行为。审核人员的名单就是选举人名单，而审核人是统治机器内部的人。“某个部门的审核人开了一家妓院；他以欺骗的手段，将在自己妓院登记人员的名字填写在选民名单上；其中有两个人的名字用来充当选举工作人员……地区治安官开着一家低级下流的场所；一位警察被评估为居住在那里……选举由审核员维持，在一家妓院里举行……被提名为法官的人被指控有罪，有待于对他进行起诉……252 张选票被收回到一个部门，其中合法的票数还不到 100 张。”这些从市政联盟的报告所摘录的内容显示了很多选举中的伎俩：审核人员把死狗、儿童和不存在的人填充在选民名单里。一份报纸印发了一张狗的照片，另一份报纸刊登了一张四岁黑人男孩的照片，他们的名字都出现在这样的选票名单上。有一个口才很好的家伙在演讲时，不无怨恨地对自己选区的“内幕实情”进行讥讽，提醒听众这是独立大厅的选区，并一一说出了当年《独立宣言》的签字者。在他热情奔放、滔滔不绝的演讲就要结束时，他陈述道：“这些人，美国自由的先驱，曾经在这里遭到投票否决。”说到这里，他咧着嘴很有感染力地笑了笑，接着说道：“他们也在这里投票。”鲁道夫·布兰肯伯格，一个为权利和投票权的运用而坚持不懈的斗士（顺便说一句，一个移民），以挂号信的形式给某个选定的选区名单上的投票人寄信。63%的信被退了回来，上面标明“不在家”、“已迁出”、“已故”等。根据住址登记，一幢四层楼房有 44 名投票人，却有 18 封信被退了回来，理由是无法投递；另一幢楼里的 48 名投票人，有 41 名给了回复；还有两幢楼，62 名投票人中有 61 名回复，47 名投票人有 44 人回复。某个选区的六幢楼里被评估为有 172 名选民，比上一次选举所有 200 个选区的中的任何一个选区的投票数都要多。

反复投票这种做法用得更是大胆，因为机器控制着负责选举事宜的官员，经常从一些欺骗性的名字里挑选工作人员，如果没有人出来帮忙，就安排他们的随从来填充预期空缺。根据法律，警察必须站在投票站 9 米开外，可是他们却站到了投票箱旁，而且他们站在那里确保机器的命令得到服从，而被允许的重复投票者则得到他们的帮助，在不受到“恐吓或威胁”的情况下，依据警察暗示的候选人名字进行投票。一家报纸的编辑四处观察选举情况。有一次他告诉我，有个选区的领导对他很了解，邀请他深入投票地点。“我来向你展示这一切是怎么做的。”他说着就让那些反复投票者按照交给他们的纸条上的名单，转着圈地一次又一次投票。“但是，”正如这位编辑所说，“这还不足以完成选举。”反复投票者还要依据纸条上的名字从一个投票站赶往另一个投票站，在往返的途中换衣服或者帽子，等等。这桩生意进行得非常顺利，很少遇到麻烦，更多出现的是滑稽可笑的事，而不是争斗。暴力在过去还有其作用，可是现在就显得没那个必要了，如果需要的话，警察会出现在那里。有几个市民告诉我，他们曾亲眼看到警察殴打一些试图履行义务的选民或忠于职守的选举官员，并把他们抓走。市政联盟的执行顾问克林顿·罗杰斯·伍德拉夫写了一本小册子，也记述了类似的情况。对这种情况，我手边有一份约翰·韦弗写的官方声明。这个费城的新任市长宣称他将设法让警察远离政治，不参与投票活动。“我将确保，”他补充道，“每个选民都能充分享有选举权，不记名票能够投进票箱里，不必担心受到威胁或恐吓。”

可是许多费城人并不想去投票。他们把所有的事情都交由统治机器代管，而统治机器将这些人的票投给了自己。据估算，上一次选举大概有 150 000 选民没有前往投票地点。然而，统治机器却利用欺骗手段进行投票，一路弄到了差不多 4 万～8 万张选票，为韦弗取得了 130 000 多张选票，而且在选举活动中统治机器作弊的行为如此猖獗，选举却被称为“没有人抗议”。弗朗西斯·费希尔·凯恩，民主党人，得到了204 000票中的32 000票。“投票有什么用?”那些经常留在家里的人问道。我的一位朋友对我说，他曾先后在三个选区居住过，而这三个选区都把他列入选民名单里。他本人从未前去投票，可是他目前所在的选区领导却告诉他已经有人代他投票了。J.C. 雷诺兹先生，圣詹姆斯旅馆的业主，上一次选举日的十一点钟前往投票地点，却被告知自己的票已被人代投。他询问与他住在同一幢住宅的人有多少人参加了投票。一位选举工作人员拿起一张单子，在十二个人的名字旁打上记号，然后递给了他。当雷诺兹先生回到家，才得知名单上的人只有一位投了票，其余的都是被人代替的。另有一个人说，他很少想去投票，但是当他去了，工作人员让他投了票，尽管他的票已经有人替他投了，而在这时，总会有重复投票者走过来询问他的兄弟今天是否能来投票。他们打算让他投票，就像他们代替那些外出不在家、和善的市民投票一样。“如果这种人出来投票，”一位领导者对我说，“我们还额外准备了两个重复投票者——一个用来平衡，另一个就是多出来的一票。”如果有必要的话，在做完所有这一切之后，机器就会宣布票数计算“正确”，向法院提出申诉基本上没有什么用，一种情况除外，即票箱是保密的，不可能被人打开的情况。唯一的法律补救措施在于核查审核人员的清单，当1899年市政联盟这么做了之后，他们报告说：“根据真实名单的大批选票被划掉了。”

被剥夺了民主自治，费城人甚至没有自我管理的政治机器政府。他们有自己的老大，可是这个老大及其统治机器服从于州势力集团，并从州老大马修·奎伊那里接受指令。奎伊是宾夕法尼亚州的掌权人，是费城的实际统治者，就像当年伟大的领主威廉·佩恩那样。费城人，尤其是当地的一些老大，不喜欢这样描述他们的政府，而且他们准备如应对宪章的反驳。但是正是这个《布利特法》，它是由奎伊通过的，并让立法机构加以接受，不是出于改革的缘故，而是因为他在费城的助理戴维·莱恩的一个提议，用来约束麦克梅恩的权力。后来，当麦克梅恩被证明是不顺从的，奎伊无望地决定永远都不再用这个人了。他选择戴维·马丁做老大，如同当年美国参议院的议员佩恩那样培植他的人，并将其凌驾于人民之上。克罗克依靠自己的力量向上爬，爬到了坦慕尼协会总部领导的位子上（该协会成立于1789年，是纽约市民主党实力派组织，因其在19世纪犯下的种种劣迹成为腐败政治的同义词），曾两次试图任命他的继承人，可是没有人能够继承，他没有成功。担当坦慕尼协会总部的老大，是需要有一个成长过程的。因此，克罗克打算任命地区领导，可是仍然行不通；作为坦慕尼协会地区领导也是需要有一个成长过程的。马丁是上面的人挑选并安排的，被费城和费城政府所接受，于是他撤换了选区原有的领导，任用了一些新的领导。当然了，费城有些领导人拥有自己的选区，但是马丁和其手下人德拉姆派人前往这些选区进行引导，而他们真的做到了。

费城的组织被颠倒了。根在空中，或者说，就像印度榕树，根向上下及四周延伸，那里有奇特的力量。虽然我说过费城的组织依赖性强，而且很不健全，但我的意思并不是说他们软弱。作为市政机器，费城是从属性的，但是统治费城的组织，正如我们看到的那样，不仅仅是市政机器，还是城市、州和国家的组织。费城人民是共和党国家、共和党州、共和党城市的共和党人，而他们受到一个圈子又一个圈子的约束。美国总统及其任免权，政府内阁及其任免权，国会及其参议员和来自宾夕法尼亚的国会议员的任免权，州长和州立法机构及其权力和任免权，市长和市议会所拥有的一切权力和任免权——所有这些一层一层压向费城，以保持这座城市掌控在老大奎伊和他的圈子手中。这是政党组织的理想，而且很有可能，这是美国这个民主共和国趋向的终极目标。如果是这样，结局就是专制主义。只有一场革命才能推翻这种寡头政治，但是存在着危险。由于在投票站没有可供公众发泄情感的地方，政治机器不可能了解到它所不知道的事情，除非付出灭绝的代价。

但是费城机器的领导者懂得自己的生意。正如我在“贿赂团伙在圣路易斯的岁月”中说过的，假如人民没有学到什么，政客们将从所曝光的事件和改革中学到经验。宾夕法尼亚的老大们学会了“改革措施的利用”，我们已经看到奎伊用这种手段惩戒麦克内梅恩，并从那时起，让自己也成了改革者，来惩罚当地的一些老大。另外，老大们也懂得，如果市民与民主党人结合在一起，危险是很大的。为了防止这种情况出现，奎伊和他的朋友们孜孜不倦地广泛宣传“党内改革”的原则，从百人委员会起，改革者们对这一原则相当忠诚。但是，由于担心市民们违反“党内改革”的主张，马丁决定将民主党组织和共和党组织永久性地联合起来，形成一种合作关系，为了达到这一目的，运用了相当一部分联邦和县任免权。这样一来，费城人民就被“稳定”住了，所以他们就不能在他们想投票时去投票，就是想去，他们不能投某一个民主党人的票，只能投共和党人或独立人士的票。

换句话说，既然已经拿走了他们的选票，老大们也就剥夺了他们对党派的选择权。

但是，所学到的和所运用到的最大经验是调节和“好政府”形象。人民并不想通过投票或者造反来反对圈子。这个圈子，与其他任何圈子一样，其形成是为了开发利用城市资源，满足个人私利，其黏合力在于“掠夺公共财产的黏合力”。但是，麦克梅恩和特威德已经证明，各色各样的盗窃活动是危险的，而且，为什么大量可耻的政客得到那么多，而人民却什么也得不到？在掌权者的“教育”下，人民仅期待从统治者那里获得很少的利益：良好的供水，良好的供电，铺设良好、洁净的街道，公平的交通，以得体的方式抑制犯罪，良好的公共秩序和公共安全，没有可耻的或公开的腐败，这些就能让人民满意。为人民提供这样的东西会是很好的生意和很好的政策。就像克里斯·马吉，他就解决好了这个问题，而马丁则从党的普通成员、选区领导和公职人员那里拿到了盗窃财物的特权。他组建了公司和团伙来处理城市的合法公共生意，都是些贪污的事，可又都是合法的，基本上是这样。公共事业特许经营权、市政工程和公共契约是生意的主要分支业务，而马丁采用了双重老大的设想，正如我们看到的，匹兹堡的马吉和弗林想出的办法。在费城，是马丁和波特，就像弗林有一家公司，布鲁思弗林有限公司一样，波特也成立了一家公司，菲尔波特和波特有限公司。

菲尔波特和波特有限公司将他们能处理的所有公共契约都搞到手，余下的交给与他们或与圈子关系不错的承包商。有时候，出价最低的承包商更受欢迎，但也并不一定是这样。法律允许奖励的对象是

“出价最低、质量最好”的，法院认为这样可以让官员们谨慎地做出判断。但是，由于也需要考虑公众的批评，为了保住颜面，圈子需要各种诡计：让假投标出价高于内定的中标人；让内定的竞标者开出高价，但是与此同时设定不可能的时间期限，市议会的部门可以事后延长期限。还有一个手段，那就是设定特定的需求，致使局外人只能给出很高的标价，然后要么公开地调整计划，要么让圈子指定的公司在没有达到标准的情况下实施工程。

马丁的许多交易和工作都是丑闻，但是很安全，因为这些工程都是为公共服务的，况且大量交易都是悄无声息地进行的。此外，公众也能从其花的钱上得到一些好处，虽不是其花的钱的全部价值，但至少是比较高的一个份额。换句话说，以非法手段捞取钱财也是有着一定限度的，一些内部人士对我说过，每一美元的95%的价值，都应该归人民所有（也就是通过工作或者获得一定的利润，其中包括合理的利润），这是圈子制定的一条原则。在我所调查的一些交易里，“非法手段所获取的利润”高达25%。不过，尽管如此，还是有一个“限定”的。而公众，就像有一个领导者对我说的，“因出了钱而得到了应得的报偿”。虽然所有这些听上去有点冷嘲热讽的味道，可是这样的观点却被许多费城人所接受，他们大多数人也许并不像我的大学教授朋友那样聪明。

但是，在调解和安抚策略中还有另一个因素，它是让费城人感到满足的一个有效因素，我把它视为团伙制造“麻木氛围”的关键手段，这种“麻木”让社区声名狼藉。我们已经看到奎伊是如何获取了国家资源、州以及州圈子的资源，我们已经看到马丁是如何让城市人民、市长和市议会把市里的民主党领导人争取过来的。他们以较低的工钱雇用了至少 15 000 名男女职员在办公室工作。可是这些人之所以能被选中，因为他们能够通过组织，或者通过党派，或者通过家庭输送选票。这些人必须能够提供和城市选民差不多的多数票。不过，这怎么说也不是圈子势力范围的最终目标。在州圈子里，一些大型公司，如标准石油公司、克兰普造船厂、钢铁公司，加上宾夕法尼亚轨道交通公司，都在他们手上，当地的所有交通公司和其他公用事业公司更是不在话下。他们得到了特权、特许经营权、免税，等等；反过来，他们通过交易在资金方面帮助奎伊。奎伊曾说过，宾夕法尼亚为马丁支付高额年薪；克兰普造船厂拿到了建造美国轮船的合同，而且数年来一直在为建造国产船只申请补贴。这些公司的高管、董事和股东，加上他们的朋友、他们的财务人员、他们的员工，形成了一个庞大的组织。费城当地的一个老大对我说，有了这些公司，他总能给某个工人在市政部门、铸币厂或者邮局安排一份工作。于是，银行家可以享受公众存款；依靠贷款获得的利润资助政治金融交易；出资的资本家与老大们分享着特许经营权；经纪人，他们经营圈子的有价证券，并投机圈子的通胀保值债券。通过这些交换，圈子的融资人把手伸进公众的口袋，这是一个庞大的、很有影响力的实体。许多轨道交通公司，从头至尾通过贿赂的手段为自己打通关节，而圈子里的腐败行为始终存在。公司的融资人通常还会在其他一些较大的圈子交易中获得份额，他们很早就采用了这样的策略，即以“小宗股份”来贿赂人民。弗雷德里克·斯皮尔斯博士在《费城市内轨道交通系统》一文中提到了几笔交易，他揭露：“这是联合交通公司的策略，目的在于将有价证券卖给数量庞大的散户。浅显的推论就是，有价证券的广泛分配将有助于加强公司的防线，以抵御公众有可能发起的攻击。”1895年，他发现有个董事在说：“我们为股评师预订了音乐学院的大礼堂，准备在那里召开大型报告会。人太多了，得有八个音乐学院的礼堂才能容得下联合交通公司的股票持有人。”

我们还没有结束。在奎伊的一生中，他已经在改革者当中树立了自己的招牌，他和当地的一些老大已经争取过来很多以前的改革者，人数之多，所列出的名单很长很长。马丁也通过种族和宗教深深地打下了自己的根基。费城成了“不可知论”的一张温床。马丁承认天主教徒还有爱尔兰裔移民，由此将大量民主党人作为天然的资源拉入共和党，而他的继任者则给予犹太人很高的地位。“当然了，这可不是腐败!”是的，就像他们在宾夕法尼亚说的，逼迫大型教育机构和慈善机构领导人“与他们合作”也不是腐败。他们的目的就是为自己的机构从州政府那里获得拨款，从市政府那里获得土地。他们知道正在发生着什么事情，但是他们就是不参加改革运动。宾夕法尼亚大学教务长拒绝参加抗议活动，他说主要是怕损害到他在学校的声誉。其他人士的情况也是如此：牧师有他们最喜爱的慈善机构；安息日协会和城市美化俱乐部的人也是这样；律师们呢，他们想要的是委托人和辩护委聘书；房地产开发商希望预先了解城市建设的规划，而房地产所有人则喜爱轻松的评估；至于那些店主，他们可不想因此招来严格的检查而自寻烦恼。

假如圈子没有其他的手段控制某个人，一般就会有保护性税率。“我不在乎，”有个制造商这样说，“假使他们真的掠夺或抢劫我们，那又会怎么样，那也伤害不了我，除非他们抬高税率，可是即使那样，也毁不了我。我们的政党能够保持税率。如果政党降低税率，我的生意就完了。”

那么，诸如此类的事就是政治机器的衍生物，就是其力量所在。难怪马丁能够打破自己定的规则，就像他做过的那样，有时甚至无法无天。费城不仅仅是堕落的，而且是被腐化的。马丁末日的丧钟不是在费城敲响的，而是在美国参议院敲响的，而他的过错与他做的这些交易都没有什么关系，而是败在任命博伊斯·彭罗斯作为市长斯图亚特的继任人这件事上，而这个人是奎伊选中的人。马丁本来已经同意了，到了最后关头他却突然改变主意，提名查尔斯·沃里克来接任市长职务。此事发生的那一天，奎伊先生在参议院全体会议上奋起反击。他讲的话与正在讨论的议案似乎毫不相干，所以宾夕法尼亚之外的人无法理解他在说些什么。奎伊说，在他的城市里有一个人，找了一个理由不履行自己的承诺，借口是：“他从一家大公司（宾夕法尼亚轨道交通公司）拿了高额年薪，不得不按照公司的意愿行事”。“还有，”参议员奎伊补充道，“身居要职，又有很大的权力，无论好坏，这些人都应该……着手做事……在他们的脑门上刻着那家公司美元的标志。”奎伊任命马丁手下的一个选区的领导人伊斯雷尔·德拉姆为新的老大。

马丁通过市长沃里克及其助手克里斯·麦吉使市议会在州议会上与奎伊进行战斗，可是奎伊在那里把他们两个人打败了，接着准备在他们所在的城市击垮他们。奎伊的口号是改革，而且很快他就让人民发出了要求改革的呼唤。

奎伊的回应是呼吁立法委员会调查城市的权力滥用，但是没等到他的呼吁让马丁感到短暂的难堪，这项提议就被取消了。马丁的朋友反过来抓住了奎伊的把柄，差一点把奎伊送进监狱。人民银行的行长詹姆斯·麦克梅恩失败了。司库约翰·霍普金斯，曾一直在做投机活动，让奎伊和其他一些政客在没有任何抵押品的情况下借用银行资金去炒股票。作为回报，奎伊和财政部长将大笔的国家存款存放在银行里。霍普金斯害怕了，开枪自杀。麦克梅恩正巧召集马丁的朋友给自己出主意，他们提议让马丁的人作为接收者。经过查证，他们找到了奎伊向银行借钱的罪证，同样是无担保的。奎伊的儿子理查德，还有财政部长本杰明·海伍德，被控犯有同谋罪。人们做出了各种努力，希望在立法机构选举之前对此案进行审判，因为这次选举要选出的人将接替奎伊在美国参议院的席位；奎伊却再三阻挠，妄图延缓审判。奎伊希望一位比较友好的地区检察官能够被安排在那个位置。马丁担保彼得·罗瑟梅尔当选，罗瑟梅尔急切地想审理奎伊的案子，奎伊不得不依靠其他资源。审判如期进行，可是却失败了。法官比德尔将最重要的证据排除在外，因为这些证据不符合时效法规。罗瑟梅尔继续进行审判，但是没有什么希望，奎伊被判无罪，而其他案子也被“放弃”。

民众的情绪随着奎伊事件的曝光而激发起来，却没有什么行动，直到派别争斗使一些人想到了利用民众的情感。奎伊已经拒绝将自己在参议院的议员职位让给约翰·沃纳梅克，而沃纳梅克则在参议院和费城发起反抗老大的战斗，这场战斗从来就没有停止过。沃纳梅克采用的形式是发起改革运动，而奎伊的方法则简单实用。奎伊采取步步为营的战术击败沃纳梅克，使彭罗斯成为参议员，通过彭罗斯，德拉姆逐渐掌控了费城。最后的结局是塞缪尔当选市长。

“星条旗塞缪尔”是一个演说家，他热衷于参加各种社团活动。也就是说，他经常出入各界协会、兄弟会、主日学校等场所，参加各种各样的公共集会和私人聚会，很多时候都会发表充满爱国激情和令人感伤的演讲。他是一个很受民众欢迎的人物。正如我讲过的，在《布利特法》之下，要想成为一个好市长，良好的行政管理能力，以及完全的（尽管可能是暂时的）改革就是他必须做的一切。政客们感觉到，他们必须任命一个人，而这个人必须是他们和人民都信任的。他们曾对沃里克很有信心，无论是圈子里的人还是城市人民，可是沃里克却觉得自己不可能让圈子里的人和人民感到满意。现在他们把希望寄托在阿什布里奇身上，德拉姆和马丁也是这么想的。因此，所有的利益相关者都愿意接受阿什布里奇，所有人都满怀希望并以或多或少的信任观察着他，更不用说善良的人民。实际上，没有人比阿什布里奇承诺的公共服务更多和更好。然而，结果呢？却是令人绝望的。

阿什布里奇“扔下”马丁，承认奎伊的人德拉姆为政治老大。德拉姆是那种非常高傲的人，性情率直，言语不多；慷慨大方，又精于算计，像个商人；完全能够控制自己，非常善于组织，是个天生的组织者。就宾夕法尼亚的政治而言，他是一位保守的领导者，在他的领导下没有什么过分的行为发生，也很少出现“争吵”的场面。但是德拉姆先生还没有能力掌控费城的局势。他顺从于奎伊，却控制不了阿什布里奇。费城的人们说，如果出现争斗，德拉姆能够在费城打败奎伊，但是争斗并没有出现。德拉姆“一般能够遵守诺言”，可是当奎伊要求他支持彭尼帕克出任州长时，他却公开拒绝。然而，就像前边我说过的那样，费城的本质就是这样，不可能有自治政府，甚至没有自己的老大，所以效忠奎伊是可以理解的。但是老大屈服于市长就太反常了，在一些有远见的政客看来，这似乎是很危险的迹象。

由于阿什布里奇先生突破了马丁提出的适度贿赂的所有原则，德拉姆形成了自己的圈子——吸收詹姆斯·麦克尼科尔作为共同管理者和首选承包人；约翰·麦克作为发起人和投资人；将圈子的内部进行扩充，招进来更多的人。但是尽管德拉姆比较宽大地对待自己的领导人，并且并没有倾向于“拼命为自己捞取各种好处”。就像有个领导人告诉我的，德拉姆将维持集中控制和严厉控制的原则作为最好的政治策略和生意手段。所以，德拉姆也采用了马丁的公共设施改造计划，并对项目进行筛选，同时还做了一些补充，如城市道路建设等。当阿什布里奇坐稳了自己的宝座，这些计划全面启动，而市长则下大力气加以推动。根据“费城计划”，市长不应当是圈子里的人，而应当是一位有政治抱负的人，得到的回报是升职，而不是钱财。假如他想借此机会“大捞钱财”，一想到自己的任期只有四年，那么他很有可能因急于做事而焦躁不安，还有，既然他不太可能连任市长，他在统治机器的未来利益远不如当一个老大，老大的利益永远会继续下去的。

阿什布里奇被提名时欠债数额大概是 40 000 美元。但是在他当选之前这些债务已经得到清偿。就职不久，他向前邮政局长托马斯·希克斯做过自我声明。下面就是希克斯先生对这件事的叙述：

“早些时候，我有一次在办公室里和市长谈，他对我说，‘我已当选费城市长了。我的任期是四年。我没有更大的野心。等我离开这个办公室时，我可不想再担任什么公职了’。”

“我说，‘你这么说真的是一个非常愚蠢的事。想一想吧，别人会怎样解释你的这种想法’。”

“‘我才不在乎别人怎么想的，’他解释道，‘我的意思就是想从这个办公室里弄到我想要的任何东西，只要适合我阿什布里奇。’”

1902 年 4 月，当阿什布里奇从市长的位子上下来后，他成了一家银行的老板，是出了名的有钱人。当他任期行将结束时，市政联盟发表了一份报告，对这位市长的政绩做了总结：

“阿什布里奇执政的四年已经载入历史，给我们城市的名誉和声望留下了可耻的伤疤，这道伤疤愈合需要很长的时间。前所未有，我们希望再也不要有，如此厚颜无耻蔑视公众舆论和民意，如此公然不顾民众利益，如此滥用职权满足私欲的市长。这些话不是一般性的概述，每一个陈述都有数不清的事例充分证明。”

这些事例在费城臭名远扬，其中一些在全国各地纷纷被报道。其中一个事情就是阿什布里奇企图恐吓约翰·沃纳梅克。约翰·沃纳梅克的儿子托马斯·沃纳梅克，买下了《北美洲人》报，这份报纸的主要任务曾经是（现在仍然是）曝光政治圈子的权力滥用和腐败行为。亚伯拉罕·英格利希，阿什布里奇政府公共安全部门的头子，前去拜访约翰·沃纳梅克先生，说他已经派人对沃纳梅克先生进行监视，最后干脆表态，要求报纸立即停止攻击。沃纳梅克揭发了整个事件。受命调查此事的一个委员会报告说："英格利希先生完全承认了他企图恐吓一位受人尊敬的市民，并以非法手段威胁沃纳梅克先生，设法让公开发行的《北美洲人》报沉默，不再进行批评性报道。市长拒绝应市民代表会议的请求而下令调查英格利希的行为，所以社会公众有正当理由认为市长帮助并支持英格利希的腐败行为和非法活动，因此市长同样应该受到社会公众的审查。"

市长另一个"滥用权力的可耻事例"就是受保护的卖淫场所的增加——从纽约流入的"卖淫的白人奴隶制"，非法经营的酒吧的兴起，赌博活动和博彩活动的蔓延，甚至连学校里的孩子们也受到了影响。《北美洲人》报对这些现象进行持续曝光，但效果甚微。后来报纸直接点了几个警官的名，市民也纷纷要求警方干预非法活动，但是他们的请求遭到了拒绝。于是，法官传唤报社编辑和记者、市长、公共安全部门领导英格利希、中小学学生，以及警官到庭。市长的私人律师在回答法官询问时一直为警方说话，情况对报社来说似乎非常不妙，但就在这时孩子们开始讲述他们的故事。当听证会就要结束时，法官说道：

> "确凿的证据表明，我们这个城市的公立中小学处在危险的境地。其中一所学校有超过 150 名学生经常买彩票，其他学校也有很多学生参与博彩活动。此事最早发现于十八个月前，而在最近一年里全面泛滥开来。"

然而，警官并没有受到惩罚。

堕落现象已经延伸到公立学校并在教育系统迅速蔓延，而揭露并认定这种罪恶行为的是第二十八选区的三位学校负责人。以前人们就听说过，与其他公职人员一样，教师和校长不得不为选举活动“拉钱”，并根据自己的薪酬按比例缴纳赞助费。“自愿捐助”是所使用的措辞，可是告示的上方却用蓝铅笔写上“2%”，而教师在向学校负责人和选区老大询问时，被告知他们最好“能多交点钱”。没有按照要求交足钱的人会收到这样的收据：“支票收到，请将差额补齐。”但是在第二十八选区所曝光的事情却被学生带回家告知家长，而这时家长才明白，教师的聘用并不完全看这个人的业务能力，而是取决于政治因素，政治因素已经与金钱搅在了一起。

里纳·海多克小姐的证词如下：“我去找特拉维斯先生，他是我的朋友，我向他咨询如何拿到教师资格证书。他建议我去见一些学校主管，特别是布朗先生。他们告诉我，必须缴纳120美元，我才能够获得这个职位。他们说，有一个姑娘曾缴纳了250美元，她的申请却遭到驳回。在钱的问题上，他们以前还从未行过什么方便，现在已经是很照顾我了。我说我拿不出120美元，他们则答道，通常都是这样做——教师可以从前三个月的工资里每月拿出40美元。工资是每月47美元。他们对我说，他们并不是为自己收取这些钱的，因为他们需要钱去买通其他部门。最后我接受他们的建议，这时他们告诉我一定要小心，不能向任何人透露此事，以免伤害到我的声誉。我在弟弟的陪同下去给约翰逊先生送钱。他把帽子伸了过来，我弟弟把钱交给他后，他把钱放进帽子里面。”

圈子的这些惯常的交易，和匹兹堡有点像，只是索价更高。篇幅所限，我只能在这里讲一下某个阶段的一件事：怀德纳和埃尔金斯，国家特许经营权的买主，都是费城人，也是原来马丁圈子里的成员。1900 年之前，他们已经把市里所有的轨道交通公司合并在一起，从政界退了出来，专门经营自己的交通系统。但是宾夕法尼亚的几大圈子，是不能准许通过行贿手段兴起的公司进行改革和撤并的，另外还有人提出指控，在马丁和奎伊的争斗中，轨道交通公司出钱资助美国参议院打败奎伊。不管怎样，对方就是想敲诈轨道交通公司。

这种勒索方式可以说是高超的敲诈形式。当政客们把所有可卖的特权都拿出来卖掉后，就会组建一个竞争公司，强迫原有的公司购买或卖掉特权。1901 年，尽管怀德纳和埃尔金斯正在海上乘船前往欧洲，费城圈子的人来到立法机关，提交了两份提案，提请授予特许权，承包费城所有还没有铺设轨道的街道，并接手经营原有轨道中较短的线路，将其连接起来。议员克林顿·罗杰斯·伍德拉夫议员讲述了这个事情的经过。并没有贴出公示，两项提案就在 5 月 29 日星期一的下午 3 点被提交到立法机构，委员会只用了 5 分钟时间就完成了报告事项，到了晚上 8 点 50 分，提案打印完毕，放到了各位议员的桌子上，到了 9 点一读通过。第二天是阵亡将士纪念日，提案的二读获得通过。到了第三天，提案则从参议院转到众议院，在那里以类似的匆忙速度和更恶劣的诡计“强行通过”了提案。在 6 个立法日内，由此提案形成的法令摆放到了州长面前，他于 6 月 7 日半夜在上面签了字，当时在场的有奎伊、彭罗斯、众议员福德勒、阿什布里奇市长、银行家詹姆斯·麦克尼克尔、约翰·麦克及其他几位资本家和政客。根据法律，5 月 30 日上午又有 100 份特许权申请提请审议，其中 13 份是费城的。这些特许权提案在 6 月 5 日得到了准予，同一天，费城由被挑选人员组成的特别委员会，被要求在星期一举行会议。在那里费城市民看到了即将付诸实施的特许权，但是他们的听证会进行得非常简短。特许权顺利通过，毫无阻力，并于 6 月 13 日送递阿什布里奇市长。

6 月 13 日早上，市长秘书发布权威消息，说市长不会签字。可是他签了。一个意外事件迫使他拿起了笔。约翰·沃纳梅克写信给市长，开价 250 万美元购买就要出卖的特许经营权。阿什布里奇市长看也没看就把信扔到大街上。沃纳梅克先生已经存了 25 万美元作为信用担保，而他的行动逐渐变得众所周知。法令是半夜签署的，城市至少损失了 250 万美元，但是圈子已经达到甚至超过了预期的目标。当沃纳梅克先生的信发表出来，众议员福德勒，也是公司的一位创始人，做了答复。他说，出价是为了宣传，已经晚了，而且他们没有机会“接受挑战”，对此他们表示抱歉。沃纳梅克先生以更新的出价 250 万美元向城市做了回应，他说：“如果能够将你们公司现在拥有的政府补贴和特惠政策让给我，我愿意再增加 50 万美元，作为给你本人和你的合作伙伴的红利。”他的话结束了这场争斗。

但是交易仍然继续进行。又有两项议案——俗称“有轨电车追捕者”——获得了通过，并完成了立法程序，速度之快，都很难说这是比较完整的法令。其中一项授权公司铺设高架线路或者地下线路，或者两者都有；第二项则规定，未经由州长、州务卿和总检察长组成的委员会同意，禁止再授予此类特权。有了这些特许经营权和独家专有的特权，新公司迫使旧公司将自己正在运转的工厂出租给新公司，而他们除了“权利”别无所有，正如宾夕法尼亚的一句行话所说的，这是一次“漂亮、强有力的敲诈”。

阿什布里奇对费城和费城政治机器进行检验，坦率的圈子领导人不认为城市和城市政治机器能够经得住考验。费城人会做什么呢？什么也不做。他们有自己的改革者；他们有像弗朗西斯·里夫斯这样的一些人，从百人委员会的岁月起，他们就直接参与了每次改革运动；他们有像鲁道夫·布兰肯伯格这样的一些人，他们为了每次能够预示解除人民痛苦的运动而斗争；他们有市政联盟、以选区为基础的组织、市民城市联盟、改革同盟会，有法律和秩序社群；还有年轻人和老兵；还有沮丧的政客和有抱负的人，他们可没有被政治机器足够快地推向前去。不满存在于许许多多善良人的心里，其中许多人感到耻辱。但是“人民”不会跟随，人们可能认为，费城人会跟随任何领导人，这个领导人是什么样的人，他们会在乎吗？可是他们真的在乎。“人民”似乎宁愿让一个著名的盗贼来掌权，也不愿意让一个有野心的改革家来管理。他们愿意让你来证明或宣告他们那里的特威德团伙、麦克梅恩团伙、巴特勒团伙有罪，即使这样，他们也许会宽恕这些人，并谈论起他们记忆中这些人的丰功伟绩。但是他们乐于打败约翰·沃纳梅克，因为他们怀疑这个人是个伪君子，只是想进入美国参议院。

勇敢顽强的改革者已经发起了一场运动，重新选举地区检察官罗瑟梅尔上台，因为这个人敢于审判奎伊。当然需要有一个官员支持！

但是不行，奎伊反对他。改革者们花费了大约25万美元，与对手展开了猛烈的较量，但是政治机器动用的钱更多，有70万美元，都是从教师、非法经营酒店或夜总会的老板、公职人员、银行家和企业老板那里募捐来的。政治机器操控着选票。罗瑟梅尔在竞选中输给了约翰·韦弗。在此前后，还有几次别的竞选活动，由市政联盟领导，但是每一次都被政治机器所控制的多数票击败。

调查政治机器是行不通的，除非在以下几种情况下：政治机器犯下错误、担心背叛、未来发生内乱。为了应对内部可能出现的分裂行为，避免酿成祸患，政治机器开始着手压制公众批评。阿什布里奇发现敲诈的效果不怎么有效。德拉姆、奎伊和州管理者彭尼帕克通过了一项诽谤法，目的在于封锁报界言论。在竞选过程中，彭尼帕克曾忍受过漫画和评论对他的讥讽，此事显然使他受到了触动。另外，费城圈子先前就制订了行贿计划，一旦曝光也许会激怒人民。共和党在州里的主要宣传刊物《费城报》说得太对了："彭尼帕克希望法律能让他摆脱无法摆脱的漫画。团伙希望法律能够压制反对意见……这个行动无疑是为了掠夺者的利益而封住报纸的口，伤害的却是人民的利益。"

被剥夺了选举权，没有了党派选择；市政联盟宣告，古老的请愿权已被否决；现在又要失去"言论自由"—— 难道费城就没有希望了吗？不，费城眼前就有一个很好的机会。他们把希望放在新市长约翰·韦弗身上。在这个人的履历中，没有记载说明他会信任一个局外人。他本人谈到自己在任地区检察官期间，曾经发生两次臭名昭著的"司法流产事件"；他是被圈子的人提名的人，圈子里的人对他有信心。但是，人民也对他有信心，而韦弗先生做出了相当不错的承诺。阿什布里奇也是如此。然而，这里面存在着差异，韦弗先生已经有了一个很好的开端。就在走马上任之前，他依据自己的约定，与政治机器达成了妥协，但是他宣布反对保护色情业，支持自由选举，他阻止了出现在立法机构的某些“批发式掠夺”或“欺诈”行为。

这就涉及两个提案。一个提案，授予（圈子）公司“占用、接收和使用联邦境内所有淡水资源，要么归公众，要么归私人，无论如何应规定其个人用途”。这个提案就是要将费城的自来水厂，以及州里其他这样的厂子卖出去。另一个提案则为夺取城市和州的照明设施和能源供应设施打开通路。马丁和沃里克“租用”了城市煤气工厂。德拉姆和他的团伙也想从中分得一杯羹。“这将是合法的，”议案里说道，“任何城市、任何乡镇或自治村镇，如果拥有的任何煤气厂或者发电厂，供电供气和提供动力，都应当出售、出租，或者转让给个人或者公司，以便由此获得更好的回报，这样的市政实体也许……赋予承租人或购买者专有权，这样既可以反对市政公司，又可以反对所有别的私人和公司开展供气或者供电业务……”就像在圣路易斯，城市的公共财产被卖了出去。有人告诉我，这些计划以后就会付诸实施，但是韦弗先生宣告，他不会“支持这些计划”，议案由此被搁置起来。

看上去费城人选择韦弗是正确的，可是那又会怎么样？想一想吧，把所有的信任放在一个人身上，希望有着英国血统的约翰·韦弗会给他们带来一个好的政府！可是人家为什么这么做？他怎么就会为人民服务，而不是为圈子服务？圈子能够用他，也能够不用他；费城人民既不能撤换他，也不能惩罚他。即使他能够向人民归还选票，证明自己是个好市长，他不可能自行连任，好的宪章规定，市长不得连任。

6. 芝加哥：半自由和正在进行斗争的城市

关于城市腐败问题的文章不断涌现，在这期间，读者给杂志社写信，询问作为市民应该如何应对，采取什么样的行动和策略。似乎我知道答案，似乎“我们”知道答案，似乎存在着某种方法，在任何地方、任何情况下都能解决这一问题。其实并没有这样的方法。假如我的脑袋里有现成的改革方案并四处加以宣传，那就必定会妨碍我直接看到事实真相，也会使我的理论失去支撑。我们仅有的文章框架就是去研究几个经过选择的例证，调查一些管理不善的市政府，并讲清楚这样的政府是如何堕落的，然后在国内外找出几个典型的好政府，解释一下好政府是如何形成的。——你听好了，不是如何去做到这一点，而是别人是如何做到的。尽管列出了一系列不好的政府，但仅此还很不够，因为那么多善良的人们显然希望立即行动起来。不过我决定还是暂缓一会儿，先从改革这个方面拿出实例。我已从我所找到的例证当中选出了最好的。政治受贿者们活得还挺开心，他们对我说：“已经从你的那些揭露腐败的文章里得到了许多暗示。”我则相信改革者们能从芝加哥得到一些暗示。

是的，芝加哥。首先是这里的暴力，到处都是污秽；嘈杂喧闹，目无法纪，不讨人喜欢，傲慢无礼的新兴城市；发展过快，如同一个腼腆的乡下人穿上了城里人的服装。它在各个城市当中显得“坚韧”，可以说是美国的一道奇观。我不想宽恕芝加哥，而芝加哥人也不要求我这么做。如果你发现了什么毛病，他们会欢呼道：“很好啊。”他们还会说：“我们应该受到批评，这对我们有好处。”他们确实应该得到批评。芝加哥位于清澈、凉爽的大湖一侧，这个城市的水源并不充足，水质也不够好。凭借强烈的意愿，利用独特的装置，人们将芝加哥河变成了城市的下水道，使其流出湖水。城市解决不了烟尘毒害。这里的人们过于贫穷，虽然拥有庞大的公共停车场系统，却拿不出钱来修补和清扫街路。他们能够在泥泞的河道上建筑高楼大厦，却不能消除牲畜饲养场的恶臭。这里成功地举办了世界博览会。这里有 200 万名居民，500 平方公里的市区，动用了 2 500 名警察。其实芝加哥的力量并不充足，也没有什么效率，并没有能够保护好城市本身，更不用说控制暴徒、闹事的罢工者及其他一些不受法律制约的活动，让芝加哥丢尽了脸。尽管这座城市有着法律之外的系统控制着邪恶和犯罪，而且这个系统十分有效，致使市长一直有能力阻止任何诉讼程序，只需要把脸转过去，就可以对诸如“陪审团把戏”、“贿赂行为”、“黑酒屋”、“炸开保险箱行窃”置之不理；尽管赌博活动受到限制和整治，非法的商品交易和卖淫得到了有序管理；尽管，通过某些政治领导人和犯罪团伙头目的权势，夜盗和恶性拦路抢劫得到了容忍（从犯罪活动角度来看，市长已能够使芝加哥“诚实”）。然而，作为政府，所有这一切都是荒唐透顶的。

我不想引证芝加哥作为好的市政府的例子，也不认为芝加哥是美国好的市政府；眼下的纽约，其行政管理要比芝加哥好得多。我也不想引证芝加哥作为坏政府的例子，那里是有贪污腐化的现象，但是与圣路易斯相比，可谓是小巫见大巫；与费城相比，芝加哥又显得很不专业。芝加哥引起我们关注的原因，在于其所“固定”下来的事情。那里出现的问题是让人嘲笑的。从政治和道德两方面讲，芝加哥因其改革，真正的改革，本应当在诸多美国城市里得到赞扬。他们的改革不是情绪的一时发作和政治暴动，也不是借助改革浪潮把“最好的人民”洗刷后出任公职，自我愚弄，任凭政治机器比以往更强大，也没有出现大众政府的挑剔式的失望，而是展开了缓慢的、稳妥的、政治的、民主的改革，依靠人民，为了人民。这就是芝加哥所拥有的。他们已经发现了一条路。我不知道这是不是正确的路。我敢确信的是，芝加哥可以让美国各个城市，也包括芝加哥自身，学到某种东西。

因为芝加哥只是在某些方面得到了改造。城市政治地图的中心显示出一个白色的圈，里面有一些白点和白色的破折号，在黑色、灰色和黄色背景的衬托下非常醒目。但是这座城市曾经完全是纯黑色的。从犯罪方面来看，芝加哥是完全开放的城市；从商业方面来看，这里的商人恬不知耻；从社会生活方面来看，这里的人没有思想，粗俗野蛮；这里是个人和社群，以及没有城市观念也没有政治良知的利益集团居住的地方。所有人都在为自己着想，没有人为芝加哥考虑。这里有政治党派，但是这些政治组织受控于政治圈子，而圈子反过来又是州政治圈子的组成部分，依次得到了主要的商业利益集团的资助和利用，而利益集团则通过他们的分支机构将腐败制度和正在堕落的体系上上下下、远远近近地渗透到社会的各个组织。贿赂的手段五花八门，各式各样，而且非常普遍。但是最公开的腐败现象，集中出现在市议会里。这里从未进行过很好的组织，也没有什么条理。市议员有“小群体”，有领导者，有价值，但是，还有许多天性很好的诚实的盗贼，他们独立于政党老大和“组织”，因为老大和组织忙于他们自己的贪污受贿。他们是那样不合规矩，商人们走进市议会，将敲诈的欢乐分解成体面的行贿和系统的行贿。这些人多少促进了此类事情的蔓延，不过这种无忧无虑乐天派的精神一直存留着，直到查尔斯·耶基斯出现才被打破。耶基斯来自费城，对如何运用宾夕法尼亚的方法很有经验，他率先使贿赂成为一项重要的买卖。他必须设法让自己进入政界，把所有该做的事情做完。他确实完成了自己的任务。市议员联席会准备快速地把城市出售给“好市民”，这时，一些正派的人大声呼吁，号召有能力阻止这类事情的人民发起阻击。

芝加哥人民叫停了联席会的阴谋，他们击败了贿赂活动。这大概就是到目前为止他们所做的一切，但也是他们谨慎地、有系统地尝试着做的事情，而他们成功的方式证明，只要他们决心去做，就可以做成任何事情。他们为余下来的事情而焦虑：半自由，但并没有获得一半的满意，也并非将事情完成了一半。但是贿赂行为，在“大人物”和“大企业”的支持下，是民主政治不得不与之战斗、最难战胜的魔鬼，而能够战胜魔鬼的人民就可以打败任何敌人。

任何一个社区，任何一座城镇或村落，任何一个州，乃至整个美国本身，都有着相当数量这样的人，他们愿意行使投票权，只要不花费些别的什么。他们不想“伤害到自己的生意”，他们不肯“花费时间去参加什么初选”，他们不在乎想得太多，但是他们会去投票。这样的人也许不多，但也足够了。这种独立的、非党派的选举所希望的一切就是领导权，而芝加哥改革者们所提供的正是这个。

改革者在一开始的时候并没有如此明确的思想。他们根本没有什么理论——除了愤怒、体验、普通的芝加哥观念之外，什么也没有。报纸准备支持改革，不是为了新闻，而是为了公共利益。他们尝试着运用了几种理论，还有曝光、著名的审判，甚至对行贿受贿的腐败分子定罪。他们主张改革公务员法，而且，顺便说一句，他们形成了一个很好的章程，也许是各个城市当中最好的。但是曝光只能对一次选举有好的效果；法庭审判也许能惩罚一些个人，但是即使对这些人定罪也打破不了腐败的体系；公民的权利和义务得不到保障，所谓改革法就像没有船员的一条船。尽管他们有“改革措施”，但是坏的政府还继续存在。在芝加哥有一个“斗熊场”，就是那个嘈杂的市议会，应该管一管这里了。威廉·肯特、约翰·哈姆莱恩、W. R. 马尼尔雷、A. W. 莫尔特比和詹姆斯·曼这样一些人已经从他们“被尊敬”的选区进入市议会，而且他们的出现证明他们是能够进入议会的；他们的演讲公开抗议，而他们的否决票简单明了地指出了弊端。但是所有这些并不够。公民联合会，一个受人尊敬但没有效率的、一般性的改革协会，1895 年在没有任何计划的情况下召开了一次会议。此次会议召集了以莱曼·盖奇为首的 200 名代表，意欲“做出些事情来”。200 名代表又推举出 15 人作为委员会成员，负责找出“可以做的事情”。其中一位委员为新的市政党草拟了一个详尽的计划，一个很陈旧的计划。“这个计划行不通。”坐在盖奇身边的埃德温·伯里特·史密斯说道。“是的，行不通。”盖奇附和道。可是他们不知道该去做什么。为了赢得时间，史密斯先生提议成立一个专门小组。专门小组向15人委员会报告，然后由委员会向200名代表说明情况。这样一来，就像史密斯先生说的，他们在“摸索着前进”。

但是请注意他们不做什么。尽管他们是些笨拙的人，他们不过多地谈论曝光出来的事。“天哪，我们知道的够多了。”其中一个人说道。他们不会求助议会通过什么新的宪章，他们过去曾请求通过一个新宪章，现在仍然需要。同样糟糕的是，这些人不清楚自己想要个什么样子的宪章，但是他们确实知道不要去做什么，以免让自己犯下愚蠢的错误，傻乎乎地要求一个腐败的议会以立法的形式组建另一个腐败的议会，以取代现存的议会。他们也不会静等着下一次市长选举，到时候选出一个“商人市长”，指望这个人给他们带来一个好政府。

他们注定要原封不动地接受眼前的局势——法律和执法者、社会状态、政治环境，完全和以前一样。而且，就像任何一位政治家会做的那样，参与下一次的战斗，无论是什么样的战斗，就是去战斗。他们所需要的一切就是一位勇士。因此有人提议找出一个人，就一个人，让这个人再去找到另外八个人，由他们组建“市投票者联盟”。没有指示和指导方针，之所以起这么个名称，那就是因为这个名称没有什么意义，也可能意味着任何意义。

可是上哪儿去找这样的人?! 这是个问题。差不多的人倒是有几位，但是从中找出一个顶事的最难。有人提到了威廉·肯特，这个人年富力强、非常富有、无所畏惧、精明过人，但他是市议员，而且明智的人宣称，九人组成员不可能都是公正的，但是看上去必须是这个样子，不能有利害关系。威廉·肯特做不到。又有人举荐了几位，但是都不合适。

“乔治·科尔怎么样?”

“就这个人吧。”盖奇先生说道，而在座的所有人都认为这是个妙招。

乔治·科尔向我自我介绍时，把自己描述为“二流商人”。他身高只有1.52米，并且知道自己不会再长高了，但是他知道，这个身高足够用了。科尔是一位勇士。不过，在他五十岁之前，还没有人看出这一点。后来，有一个叫马丁·马登的人发现了。马登是一位出色的市民，西斯通公司董事长，具有相当的政治势力，是进入议会并整顿那里的混乱与腐败状况的众多商人之一，他是耶基斯领导的。马登住在科尔所在的选区。从科尔住的地方就能看到马登的房子。“一看到他的房子我就会兴奋，”科尔说，“因为我知道那代表着什么。”科尔下决心打败马登，而他发起的一次运动使他成了全城关注的人物。马登再次当选，但是科尔已经证明了自己，而正是这一点才让莱曼·盖奇说科尔是“最合适的人”。

“你们来找我，我看也是迫不得已的选择，”科尔先生对委员会的人说，“成功的希望渺茫。好吧，”他接着说，“就算是最后的机会，我也接受。”

科尔四处活动，忙着组建九人组。他挑选的人有威廉·科尔文，一位富商，已退休；埃德温·伯里特·史密斯，法学家和律师；M. J. 卡罗尔，曾当过排字工人和劳工领袖，现在是一家商业杂志的主笔；弗兰克·韦尔斯，著名地产商人；R. R. 唐纳利，市里最大的印刷企业的老板；霍伊特·金，一位年轻的律师，后来人们发现这个人天生就善于搞调查。这些人，加上科尔本人，只凑够了七个人，不过还有几个人可以做他的帮手和顾问，他们是肯特、建筑师艾伦·庞德、法官默里·图利、弗朗西斯·拉克纳和格雷厄姆·泰勒。“我们只是几个平凡的普通人，”他们当中有个人对我说，“而任务就是鼓励其他的平凡的普通人。”然而，这些人被选中，是因为他们能做些事情，而不是因为他们能“代表什么”。百人团，也就是九人组负责组建的组织才具有代表性。但是百人团始终也没有建立起来，而选区委员会后来也被放弃了，而这个选区委员会曾是第一次运动的主要特征之一。九人组模仿的是“老大和圈子”的样子，只是他们自己不知道罢了。他们思考的不是原则和方法。工作是他们的本能，而战斗始终是他们的主要活动。下一次选举在那年4月举行，到2月他们就做好了准备，还剩下两个月的时间。既然这是一次市议会选举，他们直接把目标锁定在市议员席位。联盟很快就提交了报告，毫不含糊地指出，所有68名议员当中有57名是“盗贼”。68名议员中有34名议员任期将满，可是这些人很有可能谋求再次当选。

要做的事就是打败这些流氓恶棍。可是如何做呢？科尔先生和他的委员会是拓荒者，他们不得不开辟道路，在没有计划的情况下直截了当地干起来。寻求选票，诚实的选票，没有什么组织可以依赖，他们不得不广泛开展宣传。“我们首先要让人民知道我们的存在。”科尔说。于是，他走了出去，“努力使自己成为公众关注的人物”，岔开他的短腿，眨着他不大的眼睛，四处演讲。他用生动的语言说，联盟就是要打败这些贪污受贿的家伙，阻止他们再次当选议员。既然芝加哥愿意让任何人试着去做任何值得在芝加哥做的事情，那就不会在意你是谁，你从哪里来，芝加哥会为你欢呼喝彩，为你到处宣扬。所以，当乔治·科尔站出来，宣布他和他小小的委员会打算在政治游戏当中打败某些政客时，整个城里善良的人们说道："好啊，干吧，把他们打败。但是你们怎么做呢？"科尔对此早有准备，他回答说："如果他们还想再次当选，身居要职，我们就公开这些盗贼的劣迹。"市议员肯特和他正派的同事提交报告，揭露那些不正派的议员的不法行为，而联盟则公布了34位就要任职期满的议员的政绩，其中26位是政治流氓。霍伊特·金和一帮暂时无人委托诉讼的年轻律师查阅选区记录，科尔说："这些材料我们也将公之于众。"他们确实这么做了，芝加哥的报纸，长久以来站在正确的一边，随时做好准备，把这些爆料刊登出来，何况这些报纸"有着强烈的趣味性"。埃德温·伯里特·史密斯陈述事实；科尔给添加一点"姜丝"；而肯特则加上点"胡椒粉、盐和醋"。很快他们引起了公众的注意。委员会里有些人害怕事情闹大而退缩了，可是科尔挺身而出，勇敢面对。他成了整个城市的名人。他的照片被刊登了出来，并且还被画成了漫画：他是"老大科尔"和"老国王科尔"。所有这些对改革来说都是有利的。一些就要任职期满的市议员当即选择了主动退休，另有一些议员则"被退休"。如果说霍伊特·金他们所查找的信息过于私密，不应公开，那么那时的委员会（现在也是）却能够派人把这些材料送给候选人，并建议他退出候选人名单。这被称作"政治敲诈"。如果这个词有助于大家理解政治家们公开进行的改革有多么艰难，我倒愿意使用这个词。

他们在演讲的时候其实是在工作，而且他们的工作是在选区完成的。他们对每个选区都进行了专门的研究，对每个选区所采用的策略都专门进行了理解贯彻，而且针对不同的选区进行了不同的斗争。最初宣称的只是采用“挑衅性的坦率”，不是竞争，但他们没有坚持这一点。他们想击败内部的恶棍，如果不能选出一位诚实的人，他们可以帮助类似的恶棍击败内部知名的恶棍。他们确定了忠诚于公众利益的誓言，但是在某些情况下他们并没有坚持这么做。如同那些政客，他们是机会主义者。同样与政客类似的是，他们是不受任何党派控制的。他们挑动一个党派与另一个党派相争，或者，如果两个组织团结一致，他们就表现出独立的样子。他们破坏了许多珍贵的改革原则，却很少触动权术政治的规则。这样，尽管他们设法让与他们类似的自己人获得提名，他们并不试图，也不考虑去与“受人尊敬的”或“商业人士”候选人竞争。他们也不害怕与选区领导人及“腐败的政客”讨价还价。他们深入选区，力劝少数派组织领导人提名一位“好人”，承诺给予独立的支持，接着通过循环宣传、挨家挨户拉票、群众集会、鼓乐队演奏、演讲和游行等方式开展活动，阻止多数派的候选人得到提名。我应该说，这场改革运动未明确说明的基本原则，就是让政客来统治，这在九人组的实际做法中早已显露出来了。只是通过九人组，以公众舆论强迫越来越好的人加以实施罢了。但是，我需要再次强调这样一个事实，即芝加哥的改革者没有细致的理论，也没有明确的原则，而且一直热衷于寻找最好的可用之人。他们在某个选区可能与民主党合作，而在另一个选区却变成了与共和党合作，可是他们没有在任何一个选区选择与“受人尊敬的人”合作。

问题正是出在这里。我们在其他城市所看到过的那种隐伏的、有害的势力影响，正在击垮或者对抗改革——一些“受人尊敬之人”为了挽救他们的朋友而横加干涉。在第二十二选区，民主党人提名第一国民银行的一位董事（一位很有社会地位和财力的杰出人物）做候选人（此人已故）。约翰·科尔文，“四巨头”之一，一个很有钱的政治家——本来已经去了欧洲，现在却回来投身政界——也参加了竞选。联盟则觉得法官哈伦的儿子约翰·梅纳德·哈伦更为合适，他们推举了这个人。受人尊敬的民主党候选人所任董事的银行，恰巧就是莱曼·盖奇任董事长的银行，而盖奇又是联盟的人。联盟所能拿出来反对民主党候选人的理由，就是这个人将所拥有的房屋出租用于可疑的用途，他的朋友，包括盖奇先生在内，对此非常愤怒。盖奇先生提出申诉和抗议。委员会厌倦了“持续的拉锯战”，他们快速地结束了这场最“可尊敬的”争夺。他们已经以不太好的借口“拒绝了”政客们，他们宣称他们不打算宽容、照顾政客们的朋友，他们所谴责的某个可怜的魔鬼，这个魔鬼没有朋友。

当时以及后来，诸如此类的例子还有很多，这样的事从来就没有停止过，也永远不会停止。如果改革在任何情况下都要进行下去，那么改革必定总是“走得太远”，因为正是在极端之处，才隐匿着腐败的根源。联盟最初遇到并锁定这个问题时，正如科尔先生说过的，他们不仅阻止了这样的干涉，而且还固定了其自身的特点，赢得了公众信任。那个时候所有的事情都是公开的。如今联盟的工作进行得比较隐秘，可是科尔先生却把一切都说了出去，几乎达到了无情的地步，其粗暴的言语令人无法容忍，坦率的话语严厉无情。他犯了大错，而他们所有人都犯了错误，但是他们的错误帮助了他们，因为错误都是平常的错误，与此同时，反对他人时的公正想法也是平常的。斯坦伍德，一位名声不错的商人，曾当过市议员，但是他再次竞选市议员却遭到了联盟的反对，他们警告斯坦伍德，说他“曾为团伙利益投过赞成票”。一位高级公务员、三位法官，还有其他几位重要人物出面说情，他们认为：“在所有情况下，如果指责斯坦伍德为所谓的贿赂法案投了赞成票是不妥的，因为他所做的并非腐败行为，也许他的做法恰恰保证了选票投向了某个有价值的法案。”联盟则这样回答道：“我们认为这种防御措施，就是站在你们立场上的人满怀信心提出的措施，这只会可怜地证明了标准很低，即城市公务员所遵循的公共行为标准，必须接受好的市民，以此来衡量。这是立法机构腐败最阴险、最常见的形式之一，难道你们不知道吗?”最后，斯坦伍德在竞选中被打败。

联盟的做法被证明是正确的。26 位有不良记录的即将离职的市议员，其中有 16 位没有获得连任的提名。余下的 10 位中有 4 位在选举中落选。联盟随之在 25 个选区展开推荐工作；5 个选区对他们采取了不予理睬的态度；在一些选区则进行得比较顺利，没有发生斗争。

如此非凡的胜利本应该让某些改革者感到满意。但是有一些改革者被胜利冲昏了头脑，走上了毁灭的道路，这些人变得精明起来，他们选择这一有利时机，驱除了百人团委员会里那些可敬的人士。这样一个实体组织，当没有人知道将要进行非常严肃的工作时，是最适合发动改革运动的。但是，正如科尔委员会已经学到的那样，可以接触到有着许多利益的代表性人物。小的委员会并入联盟，接着合在一起，就会被人叫做大委员会，被人祝贺，又提出一份章程，借助法律的力量，这个大委员会就会把所有的工作，以及所有的权力抛给小的委员会。小的委员会只有在需要资金或者需要某种“真正重要的帮助”时，才会向大委员会提出请求。大委员会核准或认可，膨胀起来，休会，而这是大委员会最后一次与小委员会会面。

这样一来，没有了“牵力”，绅士般的“牵力”，但是相同的“牵力”还有，九人组增加了两个成员，变成了真正的九人组，这两个人是艾伦·庞德和弗朗西斯·拉克纳，他们准备好了再次开展一次运动。他们在市议会里的议员们，所谓的“改革群体”，人数太少了，做不了什么事，但是他们可以提出抗议，他们也真就这么做了。他们采用了威廉·肯特的方法，即寻找可能会发生的事，然后在市议会会议上讲出来。

“如果你们继续像现在这样把人民的特许经营权拱手相让，”市议员哈伦一定会这么说，“哪天早晨你们一觉醒来就会发现路灯除了照亮道路之外，还有其他一些用途。”或者哈伦会说：“某天夜里，正在监视你们的市民也许会从吸毒场所一路来到这里，手里拿着一些大麻。”接着他就会描绘想象中的这种情景：人们从吸毒场所站起身来，冲到了市议会议员的席位上。他的讲述那么生动形象，令人毛骨悚然，致使一些议员感到坐立不安。“我喜欢路灯和大麻这样的生意，”一天夜里，一位德国贿赂者说道，“没有这样的生意，我们不会来到这里。”

“我们的意思只是为报纸准备一些标题，”一位主张改革的市议员说道，“如果我们能让公众持续关注市议会，我们就能清楚地使他们知道那里要发生的事情，而且我们还能使下一次运动更有意义。我们当然能满足公众和报纸的需要。”

然而，事实上他们做得更多。那一年他们提出的议案一直在芝加哥当地政界占据重要位置——公共事业特许经营权对城市的适当补偿。他们宣布，这些宝贵的权利不能随便拱手让人，而且无论是好的法令还是坏的法令都应重新规定，不仅要确保城市有所收益，公共便利设施和公众利益也必须得到保障。贿赂者赶紧行贿，特许经营权被卖掉了。抗议活动加速了这一腐败交易的进程，但是即使那很匆忙，也是帮了大忙的。通过贿赂所侵吞的掠夺性资本一周又一周地吸引着公众舆论，而且假如为市政公用事业产权呐喊的声音再高一些，并在芝加哥变成铁定事实，人们有望看到，这些资本的拥有者可能在那些日子里抽回资金，把过失归咎于自身的问题。

芝加哥早期大多数有轨电车线路的特许经营权，期限被草率地限定为 25 年——第一次始于 1858 年。到了 1883 年，当最早的特许经营权就要到期时，市议会大胆地决定再延长这一特权 20 年，也就是说延期到 1903 年 7 月 30 日。这对芝加哥的金融家来说足够好了。但是在 1886—1887 年，耶基斯出现了，身后跟着怀德纳和埃尔金斯，他们收购了西边和北边的一些公司，运用的正是宾夕法尼亚的方法。他向立法机构提交了一些议案，希望能够获得通过，这些议案遭到了州长阿尔特盖尔德的否决，于是他开始策划下一次让自己的人当州长；1897 年，虽然没有得到他想要的所有东西（因为伊利诺伊州的人民与宾夕法尼亚人民不同），可是《艾伦法案》，如果 1897 年能够被芝加哥市议会颁布实施，这个法案还是很管用的。

1896 年 12 月，随着即将离任市议员信誉记录的公布，市投票者联盟开始了其第二次运动。这些就要卸任的议员人数占原有议会议席的一半，而且，尽管这种状况出现在《艾伦法案》获得通过之前，耶基斯还是活跃起来，而他的人也得到了特殊的对待。当运动不断向前发展时，位于斯普林菲尔德的立法机构给予他们指点，当地的发展让运动有了广阔的空间。这一年是市长选举年，市议员约翰·梅纳德·哈伦设法让自己获得了提名，以独立、无党派候选人身份参加竞选；民主党老大伯克则提议卡特·哈里森作为候选人；共和党则提名纳撒尼尔·西尔斯法官。那个时候，哈里森的名气还没有他父亲的名声大，西尔斯是个很好的人，但是这两个人都没有抓住有轨电车公司问题。哈伦先生则以此为突破口，他所发起的运动至今在芝加哥都还有人议论，是一次极棒的行动。他通过报纸的宣传报道，让全城的人都听到了他在议会上一次又一次发表的激烈的长篇演说。人们所听到的不是他对受贿的立法者的控告，而是他对有钱的行贿者的责难。有一次，他给做轨道交通业务的董事逐个打电话，询问在他们的企业通过州立法机构行贿时，每个董事都在做什么。哈伦的态度是诚挚的，他的演说是有说服力的，他的提问是诚实的，当然了他也是个诙谐有趣的人。耶基斯把他称为“愚蠢的人”。“假如耶基斯能够查阅一下他家的《圣经》，”哈伦说，“他就会知道，伟大的事业都是由长着驴（英文中“驴”“愚蠢的人”是同一个单词）一样的下巴、特别善辩的人完成的。”这个年轻人没有组织（联盟限制市议员加入自己的组织）；这是一次由演讲发起的运动；但是哈伦抓住了芝加哥人的精神灵魂，而且到了最后一个星期，人们说道，他们感觉自己的情绪受到哈伦深深的感染，尽管他没有成功当选，只得到了 7 万张票，但是也比共和党的候选人多出 1 万张票。最终当选市长的是哈里森。不过，哈伦运动不仅表述了人们对轨道交通运营问题的真实想法，据说也让年轻的市长哈里森学会了如何利用此次运动的成果。无论怎么讲，哈里森和芝加哥从那时起，就城市本身而言，一直是安全的。

联盟也在这次运动中有着不俗的战绩。34 位行将卸任的市议员，被联盟公开曝光劣迹的就有 27 位。其中 15 位议员没有获得再次连任的提名，余下的 12 位议员虽然有机会再次参加竞选，但是其中 9 位落选。这一胜利使联盟在市政委员会里稳稳地成为第三大实力派。改革群体与市长哈里森、市政委员会主席及其追随者联合起来，共同阻止了能使耶基斯肮脏的《艾伦法案》生效的法令的颁布。

还是在这个时候，联盟也许应该载誉而退，但是这些“平凡的普通人”没有这么做，而是认为他们应该继续前进，得到更多，以无党派为基础组建市政委员会，让消极的、反贿赂的政策过渡到积极的、建设性的法律法规。这也意味着要从“打败坏蛋”转向“选出好人”。至于好人的标准则被提高了，不仅仅是诚实的人，还必须是能干的人。有了如此高的目标和意图，九人组决心发动他们的第三次运动。他们不得不谴责他们第一年曾推荐的一些人，但是他们说“我们始终做好了受辱的准备”。他们把矛头对准特许经营权问题，号召有能力处理轨道交通问题的人站出来，并利用鼓乐队演奏、演说家呐喊和科尔如同船长似的吼叫，使 1898 年的这场运动成为他们历史当中最为猛烈的一次运动。此次运动几乎扼杀了他们当中的一些人，可是他们“胜出”了，他们成为市政务委员会名义上的多数派。

接着，他们第一次感受到了挫败的痛苦。他们没有能够把市议员们组织起来。他们尝试了，眼看就要成功时却遭遇失败，最为严重的一次失败。联盟将一些新人带入政治生活，这些人主要是一些小企业老板和店铺老板，均有着很好的信誉记录，或者根本没有记录可言。选择这些人问政的用意是好的，可是善于经营商业的人并不一定适合搞政治。店铺老板知道如何抵御影响交易的各种诱惑，但是他们对如何经受政治交易的诱惑却没有什么体验，贿赂团伙“轻而易举就把他们当作玩具兵那样一一打翻在地”。联盟被劝服，“让执政党组建委员会，竞选市政委员会”仅仅是他们的一项权利，这是“惯例”，而且，遭到贿赂、诡辩和奉承等手段的侵蚀，联盟的内部开始瓦解，被一些立场不坚定的朋友被打败了。联盟真正的危机已经出现。

科尔先生辞职了。他接受了这样一个观点，即联盟的工作已经完成，不能再做什么了，他的身体状况大不如前，而他的企业每况愈下，濒临倒闭。一些大企业、铁路公司、大商号以及这些人的朋友，从他那里抢走了很多生意。这帮人在改革运动一开始的时候就联合起来抵制，不过那个时候的科尔还能勇敢面对，宣称自己“根本不在乎”。而如今他却说：“我有妻子和儿子，我需要他们的尊敬。余下的事都见鬼去吧。”科尔组建联盟的初衷是改革立法机构，但是到了1898年之后，九人组厌倦了，对运动感到失望，而科尔一时也显得力不从心。

九人组不得不让科尔和霍伊特·金离开。但是他们不愿意让联盟的事业就此终结。联盟没有接替科尔的合适人选，委员会里没有人愿意去坐科尔的位子，他们互相推让，只好到外边找人，但是没有找到。前景一片黑暗。就在这时，威廉·肯特开口说话了。肯特有的是时间和金钱，但是他不肯做别人劝他做的事情，谁也不行。他的身体不太好，医生已经发出警告，如果想长寿，他必须少工作，多运动。但是当他看到眼前发生的事，他说道：

> “我不是干这种活的人，我不会搞组织工作。搭建一样东西也许需要一年的时间，可砸碎它一分钟就够用了。但是联盟的工作还要继续进行下去，如果你们能给我配上一个能干的、善于组织和处理琐碎事务的秘书，我愿意接替科尔的位子。”

这样的秘书还真的不好找，不过建筑师艾伦·庞德是个善于做此类工作的人，他接受了这一杂乱的任务。肯特和庞德两个人随着委员会力量的加强和活跃，维护了自身的权利，他们不仅勇敢面对反对改革的敌对情绪，还取得了进展。1899 年，他们赢得了市政委员会的多数席位，明确地成为多数派，并且在选举前让他们的人向市政委员会做出承诺，形成富有建设性的立法机构。1990 年，他们增加了自己的多数派，但是他们并不认为有必要在选举前将候选人与非党派委员会计划结合在一起考虑，并且共和党人组织了下议院。共和党维持了委员会的标准，那里没有出现衰退，不过问题不在这里。党派在市政委员会得到了承认，而联盟只是希望有一条分界线：特殊利益与城市利益之间的分界线。然而，在肯特和庞德掌权期间，联盟权利的永久性得到了确立，质疑其永久性的问题得到了解决，启用有能力、尽责的市议员的做法得到了肯定。联盟所发展并加强的公众舆论稳定了市政委员会的状态，加上哈里森市长及其个人在民主党的追随者也站在他们一边，迫使市议员们在《艾伦法案》被废止之前，拒绝为轨道交通公司做任何事情。而且，由于已经做好了在斯普林菲尔德通过任何法案的准备，耶基斯不得不接受《艾伦法案》的废止，并很快关闭了他在芝加哥的企业，跑到了伦敦，据说他在那里生活富裕，也很愉快。

我第一次去芝加哥时，是为了看一看那里的腐败是如何形成的，而我发现芝加哥的问题都与政治机器有着某种关系。芝加哥政府制订了标准的城市发展计划，只是计划背后隐藏着集团老大和贿赂交易的利益。费城、匹兹堡和圣路易斯都是依据这样的计划进行管理的。但是在芝加哥这个计划却行不通。“交易”停滞不前，生意蒙受了损失。出什么事了？我用这样一些问题询问政治领导人：“政治家们为什么不加以控制？统治机器出了什么故障？”回答是：“‘老大’们保护组织，责骂人民。”我抗辩道：“但是任何有能力的政治家都是能够愚弄人民的。”“老大责骂改革者。”“改革者！”我大叫起来，“我曾见到过你们的一些改革者。他们与别的地方的改革者没有什么两样，不是吗？”“是的。”他说，显得很得意。可是当我断言，这肯定是芝加哥老大们的薄弱之处时，他的自豪感变成了抱怨。“听着，”他说道，“你见过那个该死的费希尔吗？”

我说还没有见过。“这么说，你想见他。”他说。而我直接就去了，并见到了费希尔——市投票者联盟秘书沃尔特·费希尔先生。正是这次会见，让我开始懂得了芝加哥的政治局势。费希尔是一个改革运动者，一位经济独立、很有能力的年轻律师，头脑里装满了崇高的人生目标和远大理想，为人自信、气度非凡、敢做决定。他向我展示了资料柜里摆放整齐、编有索引的资料，不过，类似的东西我以前在别的地方也见到过。他概述了市投票者联盟的计划，完全是以一种无聊的、礼节性的、常见的方式。在他所描述的改革方案中没有什么新的、充满活力的内容，在他身上也看不到什么亮点。一切都是那么不可思议。后来我问他是如何攻克第十七选区的。这个选区的情况有点复杂。有一年共和党候选人获胜，得到了 1 300 张票，而第二年却是民主党以 1 800 张票获胜，到了第三年共和党再次获胜，而通常人们认为这是民主党的选区。听了我的询问，费希尔的脸上露出了喜色，目光里透出敏锐、精明。他说道："我没有刻意地去争取那个选区，那是选区人民自己做的决定，但是我会告诉你那个选区是如何管理的。"他给我讲了一个故事，那是政治。我问了一下另一个选区的情况，他又给我讲了另一个故事。这完全是不同的，但同样是政治。费希尔是一位政治家——以其所接受的教育、广泛的人际关系和失败的改革者的理想主义，狡猾的、勇敢的、老练的、少见的镇定，以及对人民的信任。简而言之，芝加哥的改革有了这样的领导人，可以说让这里的腐败集团遇到了对手，费希尔有着一流的执行头脑和天生的管理者的天赋。

1900 年，市议员运动结束之后，当肯特和庞德两位先生分别辞去联盟执行委员会主席和秘书职务时，查尔斯·克兰和费希尔先生分别接替了他们的位子。克兰先生的公司经营国际贸易，经常要去俄罗斯，但是为了参加市议员运动，他回到芝加哥。克兰先生把计划的实施全部交由费希尔先生来执行，并说费希尔是个人物，而他在背后悄悄地以极大的力量和持续的行动加以支持。这两个人，加上经过精心选出的委员会成员，使联盟更加稳固，组织机构完善，并在前一年为开展工作而设立了一个总部。委员会的成员经验丰富、政治敏感性很高。他们是庞德、肯特、史密斯、弗兰克·斯科特、格雷厄姆·泰勒、西格蒙德·蔡斯勒和莱辛·罗森塔尔。这股力量，加上费希尔先生的政治才能，使联盟成为权术政治中不可缺少的角色。费希尔在一些“没有希望的”选区进行战斗，并赢下了这些选区。他让市政委员会里改革派的席位增加了很多，成为2/3的多数；他提高了当选市议员的标准，要求他们不仅诚实，还要有足够的能力，并且在他任职的第一年就以非党派为基础组建了市议会。市政改革的这一特点现在得到了确立，市议员们也对联盟的工作表示满意，而且这也是最重要的特点。“我们有四发炮弹，可以打击所有冒犯市政委员会的人，”联盟的一位成员说，“第一发打向有前科的一位议员，他的任期就要结束；另一发则打向当时预谋在选举前获得提名的家伙；第三发的目标是参与竞争的一个候选人；第四发在委员会形成的时候再发射。假如这个人是个坏蛋，就让他在一个实力较强的委员会里扮演少数派；假如他是个值得怀疑的人，在一个重要的委员会里拥有微弱的、不明确的多数，而少数派又是那么强势，足以让这个人摊牌，那就利用少数派的报告将这个人打败。”为了不干涉立法，联盟小心翼翼地密切观察着市议会里的一举一动。科尔首创了这种做法。每一次市议会开会，他都会坐在旁听席，但是在克兰和费希尔的领导下，一位助理秘书——起初是亨利·钱伯伦，然后是乔治·赛克斯——来跟踪委员会的日常工作，以及重要会议的进展情况。

费希尔保持了以前的做法，以非常实用的手段、有针对性地会见政客们。如果圆滑的措辞和良好的幽默感不能奏效，他就对这些政客施加压力。这样，当他提前一年着手准备在“没什么希望的”选区展开拉票活动时，他就向这个选区双方的领导人派去了帮他们提升票数的人，这里面有正职官员、有副职官员，还有手下人。他们拒绝了，对他的“厚脸皮”表现出了惊讶。钱伯伦先生指导了最透彻的选区情况调查工作，一个选片一个选片，一条街道一条街道，不仅获取了大量有价值的信息，而且还让那些听到质询的政客们惊恐万分，政客中有许多人改变了立场，交出了他们的名单。然而，无论这些做法是否有帮助，选区得到了调查，而且正是利用这些信息，以及对政治工作的理解，加上及时地对选区人民的呼吁做出回应，费希尔才与休伯特·巴特勒一起，在亨利·伍尔夫自己的党的选民代表大会上打败了这位臭名昭著的前州财政部长。伍尔夫原本打算以独立候选人的身份参加竞选。

这样的成功经验赢得了政客们的敬重，也让他们感到恐惧。1902—1903 年，最差的政客和最好的政客亲自来找费希尔，看看他们能够做些什么事情。政客们发现，在“演讲游戏”中，费希尔与他们不相上下，而他们的优势在于策略，因为当费希尔无法劝服政客推举好人，“公平行事”，他就会在战略上权衡自己和政客们的力量对比。例如，有一天，民主党第九选区的领导人莱夫勒询问费希尔，联盟是否希望在他的选区提名民主党候选人参加市议员竞选。莱夫勒的生意伙伴布伦纳，参加了共和党的竞选，而费希尔知道民主党组织一定会为布伦纳鼓励。但是费希尔接受了这一政治游戏的挑战，建议迈克尔·普雷布作为候选人。莱夫勒感到茫然，他一点也不了解普雷布，但是他接受了费希尔的建议，提名普雷布参加竞选。第九选区里犹太人的势力很强。为了防止共和党人和犹太人把票投给布伦纳，费希尔设法提名雅各布·戴蒙德这个受人欢迎的犹太人，以独立派身份作为候选人。费希尔支持戴蒙德，并对普雷布和戴蒙德两个人说，他会假装看看谁发展的力量更强便选择谁。与此同时，联盟监视着莱夫勒的举动。莱夫勒表面上支持普雷布，暗地里却在支持布伦纳。离选举还有五天的时候，事态已经明朗，尽管戴蒙德出人意料地培养了自己的实力，普雷布还是比他更有优势。费希尔去找莱夫勒，指责他没有尽全力帮助普雷布。莱夫勒则宣称自己已经尽力了。费希尔建议莱夫勒给他的一些私人朋友写信，要求他们把票投给普雷布。莱夫勒犹豫了一会儿，还是在费希尔已准备好的信上签了字。尽管莱夫勒同意把信寄给选民，他却提出在犹太人报纸上刊登他的声明，认为这是“不必要的开支”。费希尔赶回联盟总部，以最快的速度将信件复制，通过邮局寄给该选区的每一位选民。等莱夫勒听说此事，为时已晚，他根本来不及做任何事情加以补救。他试过，但是怎么也无法收回这些信件。最终，莱夫勒的伙伴布伦纳在选举中落败。

费希尔是一个政客吗？不，他是一个老大。芝加哥请来费希尔做改革派的老大、市投票者联盟九人组的成员，利用与他们有关联的编辑、能干的金融家和咨询委员会，形成了改革派的圈子。他们没有政治机器，没有任免权，没有可以滥用的权力。他们甚至没有一份完整的选民名单。他们所拥有的一切就是人民对芝加哥这几位诚实的、匿名的人的信任。改革派对芝加哥的关注远远超过了其他任何事情。根据记载，长期以来他们凭借着准确的判断、诚实的态度、献身公益事业的精神和公正无私的作风，获得了极大的胜利。他们甚至避免人们把这些成绩变成他们的个人信誉。在这个城市，能够说出委员会九人组成员名字的人，不会超过100人。

一开始他们的工作范围很宽，到了必要的时候，他们慢慢撤了回来，从那时发展到现在，他们的政策就是一种庄重的沉默，只有在需要他们对事实真相做出清楚陈述的时候，他们才会以联盟的名义讲话，简朴的、直接的，但是满怀人类的情感，给选民自由，让他们可以随自己意愿追随或反对改革派。我已特别强调了费希尔和九人组的政治能力和政治技巧，并非因为这是他们可以依赖的主要优势，不是这样的。对公众意见的分析及从中得到的启迪使他们具有强大的力量，发挥着深远的影响。可是其他改革派组织也曾以这种方法做过尝试。这些改革者，利用报纸和市议员，不仅干得彻底，而且干得顽强；他们培养了有知识的市民；他们使改革成为一种有效的力量，在立法机构和政界起到非常实际的作用。总之，按照政治方式引导的政治改革已经产生了改革派政治家，他们利用政治手段为城市的改革而开展着工作。除了买卖选票贿选之外，政客们能做的事他们都能做。他们为城市的利益做着政治游戏。

那么，城市从中得到了什么？许许多多。但是至少出现了一个伟大的奇观，那一年的政治奇观出现在世界面前，而这一奇观仍然存在。两家城市轨道交通公司的可信任的代表（他们是合适的、可信任的）与美国市议会理事会的一个常务委员会面谈，为延长某些轨道交通特许经营权权限进行谈判，按照既有利于城市又有利于公司的公平条件，没有传出一点贿赂的谣言。他们的认识沉着冷静、合理妥当（站在市议员一边，拥有长期调查所获得的信息和非常专业的知识）；与此同时，他们还要把目光盯在未来的发展、交通公司合理的利润、城市居民出行的便利上。这发生在美国城市——芝加哥！

耶基斯曾企图“固定”下来的那些特许经营权 1903 年 7 月 30 日到期。关于此事出现了一场纠纷，轨道交通公司被迫准备战斗。一个是由芝加哥的资本控制的芝加哥的公司，而该公司的人了解情况。另一家公司属于纽约和费城的资本家，这家公司在耶基斯放弃并离开芝加哥后由他们控制，他们不理解当地的情况。这家“外来”公司，挑选精干的人来芝加哥参与“争斗”。据说他们的拨款议案里有一个条件，那就是“100 万美元，用于芝加哥”。当地的官员、董事和朋友警告他们“慢慢来”。

“你们的意思是说，”东部的人说，“我们在费城、纽约或别的什么地方做过的事不能在芝加哥做？”

“我们正是这个意思。”这就是回答。

难以置信的是，他们的确做了一些这样的“工作”。他们设法让破碎了的圈子，还有一些“破产了的老大”与他们站在一起，在某个特别方面让城市处在了不利的位置上。尽管特许经营权已经失效，但是在法律上，城市并没有绝对的特利来接管轨道交通公司，只能从斯普林菲尔德那里获得授权。共和党圈子，加上一些民主党人追随者，根据明确的安排组建了立法机构，规定“1903 年不允许任何交通议案通过”。交通公司知道他们不可能取得任何许可权了，他们所提出的请求就是城市也不能取得任何交通许可权。这是一场政治游戏，但是芝加哥确信两派可以参与游戏。市长哈里森准备再次竞选，在交通公司的问题上他是正确的。共和党则提名商人格雷姆·斯图尔特参加市长竞选，这个人也做出了承诺。接着，他们都去了斯普林菲尔德，在整个城市和全州的观望下，城市改革派的政治家击败了这里的常客。城市的法案搁置在委员会里，但是为了给斯图尔特创造一个露脸的机会，共和党圈子必须促使某个法案通过。他们拿出了一个可怜的替代法案，遭到了城市的反对，但议长“击槌通过”了这个替代法案，为的是激发兴奋情绪。他通过了这个法案，却被人们赶下了议长的位置，这样的丑闻使他和他的圈子只好重新考虑那个法案，通过了城市自己的权利授权法。

两家交通公司都对斯普林菲尔德的这次惨败表现出了兴趣，他们曾共同工作，但是当地的资本家不喜欢这个交易。很快，他们提出想分别工作，开始与城市的一些律师进行会谈，其中有联盟的埃德温·伯里特·史密斯和约翰·马西斯。东部人的代表，即使有“杰出的”纽约律师的率领，也不得不进行谈判。他们杰出的律师着手开导市议会委员会。这个委员会曾出访过东部所有比较大的城市，考察那里的交通情况，根据他们自己的陈述，他们从这些城市学到了很多东西，并由一位专家写出了一份有史以来最为完整的报告。此外，他们了解有关交通公司特许经营权的法律法规，了解的程度远远超过了纽约律师。因此，当著名律师口若悬河地发表高论时，一些固执的市议员就会站起身来，说演讲者是在“捡拾”上一位发言者讲过的东西；但是他不确定纽约的某位绅士是否说过这样的话，总之在他看来就是些废话。接着律师就会编织另一张网，结果却被另一些长相平庸的市议员扯成碎片。这些律师说不出话来。有人建议他们去找费希尔。他们见到了费希尔。

“欢迎你们，”据说费希尔是这么说的，“如果你们愿意谈一些愚蠢的事情，我看你们最好住嘴。我不会为市议会说话，但是我知道什么时候市议会为自己说话，他们会说些什么。那些市议员懂得他们的“生意”。他们知道什么有意义，什么没有意义。你愚弄不了他们。假如你有很好的理由找他们办事，他们会走过漫长的路来帮助你。不过，关于这件事，你们高兴怎么做就怎么做吧。但是我要提醒你们不要自讨没趣，脑子里不要想着那件事——企图用钱贿赂他们或任何别的人。他们能耐着性子听你们胡说八道，但是假如我听说你们在行贿哪个人——哪个市议员、政客、记者或哪家报纸——所有的谈判就会立即终止。没有人要敲诈你们，没有人。”

这在我看来似乎是改革的最高峰。费希尔是这样一位绅士，以十足的信念和丰富的知识，不容置疑地向公司的代表们保证，他们可以从市议会那里得到所有应得的，不必支付额外的花费，只要理由正当。我听说许多商人认为，这样的优惠条件，费希尔的宽容，一定会引起欣喜若狂的欢呼。芝加哥的人是如何看待这种做法的？他们根本不喜欢。我曾花了整整一个上午的时间，分别拜访了对公用事业公司感兴趣的银行董事长、大商人和融资人。我在其他一些地方所收集到的所有证据表明，这些人是腐败的主要来源。虽然手里有了这么多证据，那一天的采访对我的震撼，还是让我始料不及。芝加哥商业圈子里的领导者们都“疯了”。他们讲到他们无法规规矩矩地行事，几乎所有人都怒不可遏，他们奋起反抗，脸涨得通红，开始诅咒改革。他们说这伤害了他们的生意，让城市蒙受了损失。“独裁政治”，他们这样称呼改革。他们点出了一些离开该市的一些企业的名字，他们还说有些公司本来打算来这里发展，现在却去了别的地方。他们向我提供了许多情况和数据，以证明这个城市遭到了毁坏。

“可是改革委员会不是很诚实吗?”我问道。

“诚实！是的，但是——嗨，别提了!”

“那么你们是否意识到，你们所说的一切意味着你们后悔贿赂资金的消失，宁愿退回去，选择原来的腐败的委员会?”

这引起了一阵骂声，或者狡诈的微笑，或者嘲讽的大笑，但是他们后悔贿赂体制的消失却是事实，痛苦、惊讶——不过这是再自然不过的事。我们已经在费城和圣路易斯见过他们靠行贿受贿所获取的利益；我们已经见过他们反对每一个城市的改革。这里，在芝加哥，我们看到他们在诅咒改革所取得的成果，原因很简单，尽管改革为城市这个由自由人民组成的大社区带来了巨大的好处，但是在这些人眼里糟透了：改革坏了他们的生意!

芝加哥为改革付出了昂贵的代价，而别的地方的改革者们也会认识到，假如他们成功了，他们所在的城市在一开始的时候也要付出代价。资本家会联手抵制改革，而资本流失会给改革加上一个不好的名声。许多银行家为我提供了他们遭受损失的证据，让我依据这些材料写文章诋毁芝加哥城市。那么，芝加哥的改革得到显著的赞扬了吗?不，没有，仍然是毁誉参半，“专制的”，“社会主义的”（市政所有权的商业术语)，“对资本不友好的”。但是芝加哥知道他们追求的是什么，知道所要付出的代价是什么。那里的商人愿意为改革付出，他们是这样对我说的。许多商人站在联盟的执行委员会和财务委员会一边，还有的商人从外部帮助芝加哥商界的领导者。此外，还有一些创业者，他们期待的是自己喜欢的诚实的议会。有个创业者对我说，他打算快一点申请到特许经营权，而且他相信能申请到，尽管与市议员就合同款项进行公平谈判所花费的时间要比行贿长一些，因为市议员在保护城市利益方面还是很精明的，所以生意可以在这个基础上谈成。“这些改革派的市议员办事是慢了一些，但是他们很公正。”他说道。

市议员是公平的。他们曾被轨道交通公司的闲聊、诡计骗术、行贿手段激怒，糟糕的服务给市民带来的不便，还有轨道交通公司种种诱惑的困扰，市议员现在变得更公正一些了。他们已经把轨道交通公司逼到了死角。谈判在进行，而他们能以报复的心理挤压轨道交通公司的人。市议员的想法是什么呢？“好吧，”一位市议员对我说，“我来告诉你我们的感觉。我们已经让城市的利益得到了保护。但是我们还有比这更重要的事要做。资本家怕见我们，他们不知道如何对付我们。他们还没有适应以新的、改革的、诚实的方式做生意。我们已经表明我们愿意给予他们的资本，所有这些资本都会流向他们，只是要求多了一点点，一点点，那就是让他们习惯于诚实做事。”这话说得不带一点幽默感，有些焦虑，但并不痛苦，没有一个词涉及“社会主义”或“被没收的市政所有权”，那是资本主义的“妖怪”。还有一次，一个星期六的晚上，我的一个朋友向我抱怨市议员们的“古板”，那天整整一下午，他都在与一些主要的市议员们一起开会。“首先，”他说，“他们不得不为城市的利益采取保护措施，哪怕是一些并不那么重要的利益，还有，当我们似乎谈完了，他们又改变了主意，就像公司律师似的为保护公司与我们辩论。”

这些芝加哥的市议员是美国的光荣！像杰克逊和梅弗，赫尔曼和沃诺这样的人，对美国的人和立法机构而言都会是一种信誉，但是在这个地方没有这样的土壤，使他们能够做更多的好事，赢得更大的荣誉。我相信有朝一日资本家会选择与他们合作，而不是与那些敲诈和行贿的人合作。

如果这一天能够到来，市议员们就能与市投票者联盟一起分享荣誉，但是，这个城市的市民应接受最大的光荣。正如他们目前已经做的那样，他们还会完成改革的壮举。

我的一些评论家朋友声明，他们不能相信在我所叙述的诸多社区里存在着如此多的特点差别。那么，他们如何对芝加哥做出解释呢？芝加哥的人民有政治派别，他们很虔诚，但是他们知道如何投票。历史记载表明，早在联盟出现之前他们就把选票转移到精心制定的政治计划中来了。所以芝加哥总是有老大，现在也有，但是这些老大承认，他们“控制不了芝加哥”。我认为这部分是他们的错。有一天，我与威廉·洛里默这位共和党老大谈了一个小时。无论是作为一个男人还是作为一个政治家，他给我留下的印象都不如克罗克，或者费城的德拉姆。但是一个局外人也许很容易在这类事上看走眼，我们也许应该与芝加哥人民一道，将信任留在它们安放的地方。费希尔是一位非同寻常的、强有力的人物，作为政治家，与任何城市著名领导人相比都更坚强，但是费希尔的力量来源于人民的力量。他的领导地位也许能使他做成很多事，但在他身后有着更深更大的力量。在最近一次的市议员选举中，在选举前的一个星期六，他发现联盟准备推荐一位较差的共和党人和一位糟糕的民主党人进行竞争，便劝说那个选区的选民把票投给一位社会主义者，而那个选区的人们真的这么做了，结果社会主义者当选。另外还有新闻报道，芝加哥的报界是美国几个大城市当中最好的。芝加哥有几家报纸，致力于服务公共利益，而他们的建议往往会被读者广泛接受。这些报纸的编辑们，如同联盟没有出现之前那样，行使着那种老式的新闻力量，而这种力量曾被认为已经死去了。确实如此，在这场改革的整个故事当中，最微妙地展示出的那种漠不关心就是报纸放弃了个体力量和信誉（这种力量和信誉是他们对公众舆论的影响）转向联盟，在联盟背后他们一步步团结起来，为城市重新获得他们自己丢掉的东西。但是，报纸放弃个体力量和信誉的行为让芝加哥有所收获，他们并没有以那为动机，他们是为了城市才这么做的，但是城市认可这种服务，就像另一个事实所表明的那样：在芝加哥也有一些不好的报纸，他们为特殊利益群体服务，而且这些报纸能拿到许多钱。

改革的代理人一直很多，他们的工作效率也很高。但是在他们所有人的背后是充满智慧、信心坚定的人民，是人民在起着决定性作用。芝加哥这座城市是由芝加哥人民统治的。那么，芝加哥市民为什么在改革运动进行到一半的时候，就感到满意了呢？他们为什么重组了市议会，却没有对市政府的管理职能进行调整，而是将这个问题留待很久以后再解决呢？“一次只做一件事。”那里的人们会这样对你说。经过七年坚定的、奋勇拼搏的改革运动，看到他们如此有耐心，真让人有一种奇妙的感觉。

但这不是理由。人们一直在对行政管理进行改善。这里的管理机构运转缓慢，反复无常，令人感到荒谬；消防部门是优秀的，警察部门令人丢脸，法律部门专业性很强，卫生局腐败透顶，街道环卫简直不值得一提。所有这些就是卡特·哈里森的政绩。他这个人很诚实，但是过于懒惰；是一个精明的政客，储备着力量，却没有启动的力量。缺乏理想，他只做人们要求他做的事情。如果没有人告诉他，他似乎不知道错就是错；只要没有批评激发他的政治感觉，意识到民众的需求，他就什么都不在乎。这种感觉是强烈的，可是想一想吧：每一次芝加哥想往前多走一步，都要先一步一步地推动市长向前。简而言之，芝加哥这座城市希望有人来领导，而卡特·哈里森以其远大的政治抱负、真诚的意愿和倔强的独立精神正好顺应了芝加哥人民的需求。联盟的成员和联盟的领导者懂得人民的心思。那么，联盟为什么服从哈里森市长？联盟为什么没有像推荐市议员那样推荐市长呢？也许有一天他们会这么做，但是，靠偶然机会实现的重组市议会，阻止行贿受贿，解决城市交通问题，他们已经对哈里森市长很满意了，因为这个市长已经从这些事情当中吸取了教训。而且我认为，正如他们说的，市长认为，当芝加哥人民能够让城市的轨道交通以足够的车辆和动力运转起来，当人民能够永远地终止贿赂行为时，人民就能够帮助政府承担起城市管理方面的义务。一个城市的民众，能在长达七年的时间里支持一项改革运动，这个城市就有能力永远前进。随着大型贿赂团伙的垮台，偷偷摸摸的政治贿赂也可以轻而易举地被制止。所需要的就是市长能够理解城市的需求并体现市民的意愿；市长既然有能力支持改革，他就应该有能力把芝加哥政府树立为一个好的榜样；

他们的做法将会形成模范效应；良好的运营，终将得到回报。

后记

1903 年 12 月。芝加哥已经开始处理行政管理层的贪污腐败问题。市议会正在进行一项调查，结果表明该市政府将成为第二个明尼阿波利斯市政府。哈里森市长给予此项活动很多帮助，市民们也表现出了很大的兴趣。毫无疑问，芝加哥将会被“清扫”得干干净净。

7. 纽约：有待于检验的好政府

就在这篇文章要发表的时候，伟大的纽约正准备举行地方选举，对什么样的政府是好政府这一国民问题做出选择。毫无疑问，还有其他一些“问题”。在写这篇文章的时候（1903 年 9 月 15 日），候选人还没有获得提名，施政纲领也没有拟出，但是普通政客仇视这些主要问题，他们卑鄙地玩弄把戏，提出所谓的“地方问题”，混淆人们诚实的想法，分裂诚实的选票，而这种诡计一旦得逞，就会确保他们在下一届诚实政府选出之后，仍然有自己的势力范围。所以，肯定还会有一些人议论此次选举对下一次总统大选可能产生的影响；另一种比较聪明的花招则用于维护集团和行贿者的优势，使良好的市民身份蒙受耻辱，使善良的市民感到绝望，这种手段很少有不奏效的时候。我们拿不出什么办法来应对这些骗术。在纽约，他们也许说了算，他们也许能够决定结果，但是随便吧。在舞弊政治家的游戏里，这些只是普通的招数，因此，对市民是否公平的检验，诚实并不是唯一的标准，智慧也必须发挥一定的作用，因为只要稍微动动脑筋就能识破政治把戏。不管怎么讲，他们妨碍不了我们做出判断。我写的可能过于超前，而我的读者，在很大程度上，所读到的东西也是超前许多的。我们可以掌握所涉及的实质问题，然后平静地观察对这一问题的回复，简单的“是”或者“不是”，这是纽约对我们大家关注的唯一问题给出的答案：①

美国人真的想要一个好政府吗？当我们看到这样的政府时，我们会认识到这样的就算是好政府吗？良好的市民精神本身就能成功地实现民主，我们有能力持久不变地拥有这样的市民精神吗？或者，为了拯救我们的自豪感，换一个问题：纽约的方式是持久改革的正确道路吗？

由于纽约有一个好的政府，或者说得准确些，拥有良好的行政管理，所以在那里，将流氓无赖驱逐出去，把诚实的人安排到各个岗位上不是什么问题。诚实的人已经进来了，而这次选举将决定他们是否继续留任，这是一件非同寻常的事。任何人都有能力愤慨地站起来，推翻坏的统治者。费城在其改革的鼎盛时期就是这么做的。纽约已经做了好几次。借助刚刚出现的、想报复的愤怒情绪，特别坏的人受到了惩罚，而常见的那种因愤怒而产生的暴民意识则形成了情感上的满足，刺激人民走上街头，一起“砸碎东西”。但这不过是暴乱，即使在君主政体的国家，也会有以国民的名义发动的暴乱或者起义。但是暴乱不是改革，革命式的行政管理不是好的政府。自由的美国人有能力坚决维护美国至高无上的权力，我们已经证明了这一点，喜欢滥用

① 坦慕尼派企图提出国家问题，但是没有成功，而“好的政府”实际上成为所提出的唯一问题。

私刑的人每天都在演示这一点。我们是否还能够独自向前走去，没有激情，不过是凭着温和的支持和沉闷的责任感，驱使着我们通过投票明智地维持一个好的市政府，这还有待于进一步证明。这就是纽约有机会展示的东西，纽约，在美国反抗坏政府、追求好政府的运动中，成为最伟大的典型。

作为城市改革的标准过程，政治家们得到允许，以国家体系为基础组建一个政党，接管政府，腐蚀和欺骗人民，为了老大及其圈子的个人利益管理事务，致使腐败行为变得越来越肆无忌惮，各种丑闻层出不穷。接着，改革者们与反对派结合到了一起：他们是腐败的未得到满足的少数派，多数派中不满的群体，改革组织。他们提出了一份由各党派、各阶层人士混杂在一起的候选名单，由一位“优秀的商人”率领着，竞选市长；他们发起了一场“火热的运动”反对政府，响亮地喊出了“住手，盗贼!”“大获全胜”这样的口号。通常，这样的举动只能影响那些做事鲁莽，不计后果的行贿者，使他们有所收敛，再就是促使腐败政府贿赂体系的改进。结果表明，这个好市长原来是个软弱的或者说愚蠢的人，“并不像人们认为的那样好。”政客们“根本没有把他放在眼里”。在费城，一些追随“煤气团伙”参加反叛而当上市长的商人也是这样被政客们拿下的，或者就像人民变得对斯特朗市长（这个人是在纽约的莱克斯沃事件曝光之后，由反坦慕尼派反叛者推上市长宝座的）厌恶那样感到失望，费城只好放弃，而这正是大多数城市的做法。革命性的改革屡屡失败，其所要达到的目的远远超过了统治机器的强化，所以这种方法已经被证明是行不通的，所以有些城市机警的改革者，如在匹兹堡、辛辛那提、克利夫兰、底特律、明尼阿波利斯等城市，都效仿芝加哥的做法。

为了获得成功，芝加哥计划并不依赖于任何个人或者哪一年的工作，也不靠情绪或任何形式的坏政府。芝加哥的改革者没有选区组织，根本没有政治机器，他们唯一可以求助的就是选民的智慧和选民的力量。这是一场民主改革和政治改革，不是资产阶级改革和商业改革。令人感兴趣的是，我们注意到，尽管别的许多地方的改革者寻求将所有的权力集中在市长身上，芝加哥的改革者却在谈论把市长当作名誉领袖，使市长的实际权力由市议员掌控，因为他们直接代表着人民，何况每年都要进行市议员的改选。

然而，芝加哥方式只能是一条路，而且是一条新路。我们必须记住，这项计划还不能产生一个良好的行政管理体系。纽约有这样的政府。芝加哥经过七年不懈的努力斗争，也有由市议员为主体的实体组织机构，他们的诚实和他们的能力足以抵御贿赂资金对城市利益的侵蚀，但是大概也就是这些了，这座城市有着令人苦恼或难受的管理。纽约坚持走原来的老路。作为一个自我中心、排外的城市，纽约几乎不知道还存在着别的什么道路。芝加哥笑了起来，其他城市则觉得惊讶，但是没有关系，纽约以其持久的毅力，最终形成了一种很好的行政管理模式。纽约人能把这种状态保持下去吗？这是个问题。芝加哥所有的，纽约也会得到。纽约所培育的具有独立精神的市民，能够在每一次选举中投票，把票投给不追求私利的好议员。纽约有 100 000 张独立选票，这是一股决定性的少数派，但是选民却在很长一段时间内只有一次投票的机会，也就是说只能在受到独特的领导阶层的煽动，或者受到轰动性曝光事件的刺激时才去投票，而且只能投反对票。到目前为止，纽约一直在反坏政府、反坦慕尼，而不是管理得很好的城市。没有坦慕尼派参与其中进行煽动，这个城市能选出好市长吗？我认为，此次选举将回答这个问题，其结果也将决定其他城市如何进行改革。

塞思·洛市长管理的政府也许一直就不那么完善，更不用说以欧洲最好的管理理念来衡量：缺乏专业知识，不善于协调，当然也不聪明。然而，就美国的一个城市而言，这个政府不仅一直是诚实的，而且很能干，不可否认是全美国最好的政府。一些部门曾是不诚实的，还有的部门办事效率不高，致使行政管理上出现令人发笑的事。但是，那又有什么关系呢？贿赂行为在刚出现的时候，因为没有受过专门训练，也是很笨拙的，常常犯下尴尬的错误。圣路易斯圈子的“誓言”、仪式和大量的贿赂活动，在我的腐败的费城朋友和坦慕尼协会看来似乎非常可笑，而纽约自己的特威德集团政体可不是“开玩笑的事”，因为对纽约来说，这个政体是那么统领一切，花起钱来又是那么大手大脚。完善“费城计划”是需要时间的，教育克罗克和发展他的坦慕尼协会也是需要时间的。在美国，逐步培养聪明的市政府管理艺术大师，也是需要花费时间的。到目前为止，在美国还一直没有培养市政管理专家的环境。如今，我们以谦恭、怯懦的方式大声呼吁的所有一切，就是那种低劣的、基本的、被误称为“普通诚实”的美德。我们想要的真的是这个吗？可以肯定地讲，在钱财方面洛先生是诚实的。他还有更多的优点：他为人谨慎，富有经验，就他本人而言，他做事很有效率，天生就有经营头脑，但他又不受这些影响，加上他在一家国际商行工作中所受到的训练，担任纽约市布鲁克林区区长长达两个任期，接着出任哥伦比亚大学校长，以非常有效的企业管理方式履行了自己的职责。当市长后不久，他就开始研究纽约的各种问题。他曾亲口说过，他用了八个月的时间对政府的资金情况进行调研，他掌握了政府的财务部门，并被人们承认，他详细了解所有他感兴趣的部门。换句话说，洛先生已经获悉了纽约的事务，他现在就是想展示自己的能力，成为这个城市的市长。对洛先生还有什么要求吗?

没有了。当我对反坦慕尼派势力的领导人进行询问时（谎言传播开来之前），就是这些反坦慕尼派的领导人提名洛先生的，这时他们说也许还会提名洛先生当市长。“除了他还能是谁呢?”他们问道。而且他们认为洛先生“也许”能够重新当选。可供选择的候选人是理查德·克罗克、查尔斯·墨菲，因为无论这两个人谁来当坦慕尼派推荐的市长候选人，都没有什么关系，如果坦慕尼赢了，统治者还是坦慕尼老大。私人问题足够清楚了。然而，这并不能保证洛先生一定能当选。

为什么？能够给出的答案很多，但是几乎所有答案都会归结到一个答案上——人的个性。洛先生的个性并不是非常迷人。他有许多值得尊重的品质，但从来不是那种令人感到亲切的品质。“你什么时候看他笑过?”一位凭直觉不喜欢洛先生当市长的政客辩解地说道。我也有这样的感觉，我们确实极少听到他的笑声，没有幽默，也没有含义。他始终缺乏那种有吸引力的个性因素。他的卓越才能是自给自足的。他的尊严在于他自命不凡；他有礼的举止似乎不那么亲切；他信赖自己的能力，凡事依靠自己的力量解决；常常被人认为固执，因为

尽管他肯倾听别人讲话，但看上去好像并不上心，尽管他能理解，却表现不出来同情心；当他做出某些决定时，他运用自己个人的推理。他最有用的美德——廉洁正直、充满智慧、勤劳尽职——在行动中往往是一种刺激。洛先生属于资产阶级类型的改革者。即使有些事情他能够做出让步，却得不到称赞，他的妥协给人留下的印象是投降。政客可以说“不”而结交一位朋友，洛先生却因说了“行”而失去一个朋友。冷酷和不近人情，他甚至使手下各部门的领导失去了热情。他们给出的是忠诚的公共服务，因为洛先生欣赏那些为其自身着想、尽职尽责的人，以及城市得到的那种卓越的服务。但是洛先生管理机构的成员帮助我描绘了这个人的特点，他们没有忍住，洛先生并不是一个可爱的人物。

但是那又怎么样呢？为什么他的同事应当喜欢他？为什么大家都应爱戴他？为什么他就该寻求魅力，赢得别人的爱慕，结交朋友？他当选市长是为了处理职责范围内的事务，任命属下是让他们各司其职，处理各部门的事务，不是为了积聚“政治力量”，赢得选举。威廉·特拉韦斯·杰罗姆是位别具一格的地区检察官，他的真诚和智慧曾在两年前帮助洛先生当选，现在却憎恨洛先生成了资产阶级分子，但是在纽约，市长职务被认为应该由资产阶级分子担任。纽约理论认为市政府就像企业，不是一个政治实体，一个能管理好企业的人就能管理好一座城市，而洛先生正是这一理论的理想产物。芝加哥的改革者们认为，美国必须解决自身的问题，即政府是政治商业。在政治圈子里成长起来的、具有政府工作经验的公务员最能胜任行政管理工作。他们喜欢卡特·哈里森这位政客出身的市长，拒绝调动他的职位，认为他是最理想的市长候选人，可是我曾听到他们讲过，一旦时机成熟，芝加哥倒是愿意在一些久经考验的市议员里挑选更好的市长。不过，我再说一次，这只是一种方式，纽约还有另一种方式，而纽约方式才是标准的美国方式。

不过，我还是要说，纽约方式有待于检验，因为纽约有着美国所有城市在政治危机时所寻找的东西——无党派的统治者。我曾有意地强调过，洛先生的极端错误唤起了人们对这一点的注意。即使洛先生希望成为政治家，他们也不会让洛先生实现自己的理想。至于他的自私、笨拙、冷酷，这些都无关紧要。他反而因这些缺点而更好地完成了自己的市长职责。即便他确实令人厌烦，那又有什么关系呢？他已经为这个城市效力了。难道只是因为不喜欢他不笑的样子，这个城市的市民就不选他当市长了？这听上去让人觉得荒谬，可是把我所听到的反对洛先生的声音汇合到一起，差不多也就是这些。但是将这种情景进一步降低为更荒谬的言论，那就让我们整个地清除洛先生的个性吧。让我们假定他没有笑容，不懂礼貌，没有自尊心，缺乏办事效率，完全没有个性；假定他是个傻瓜，没有给予纽约很好的行政管理，只是诚实地努力做好自己的工作。下一步怎么办呢？

坦慕尼协会？这是一个可供替代的选择。坦慕尼政客们同样清楚地看到了这一点，何况他们不习惯于自我欺骗。他们说，“今年是坦慕尼协会年”，“该轮到我们坦慕尼协会了”。他们这样说，而且相信自己所说的。他们对人民进行调查，知道所有的一切是市民地位问题；他们承认，除非有相当多的独立选票流向他们，否则他们很难在选举中获胜；尽管如此，他们说坦慕尼协会能够击败洛先生，或者任何一位由反坦慕尼派提名的候选人。所以我们可以稳妥地把洛先生排除在外，把问题简单地归结到坦慕尼协会。

坦慕尼协会领导的是一个糟糕透顶的政府。不是说这个政府没有效率，而是因为它不诚实；它不是一个党派，不是一场骗局、一个圈套，几乎没有人知道他们依附的是民主党；他们在党的全国委员会里没有什么地位，他们也不在乎自己对城市之外的影响。坦慕尼就是坦慕尼，腐败的体现，腐败的化身。整个世界都知道坦慕尼是个什么组织，坦慕尼在追求什么。因为坦慕尼可没有虚伪这样的恶习。其他圈子宣布谎言，自负得很；还有的圈子谈论的是关税和帝国主义。坦慕尼则诚实地说自己不诚实。一次又一次，无论是私下里还是在公开场合，坦慕尼的大头目还是小头目，都说他们寻求的是自身利益，是为了自己而出来混的；不是为了公众，而是为了“我自己和我的朋友”；不是为了纽约，而是为了坦慕尼。理查德·克罗克有一次在宣誓时就讲过，他从来就是为自己的口袋而工作。而汤姆·格雷迪，坦慕尼协会的演说家，就曾以其蛮横不讲理的粗鲁方式，使听众跳了起来，为他的观点大声欢呼。

来自火星的人一定会说，这样一个组织，如此主动坦白，对充满智慧的人民来说不会有什么威胁。美国之外的人对这个组织、对纽约人感到惊讶，甚至美国人（如宾夕法尼亚人）也不能理解纽约人为什么把坦慕尼看得如此可怕？我认为我能做出解释。坦慕尼的腐败是得到认可的，这个糟糕的政府是经人民投票选举而建立起来的。费城政治机器更有力量，他们通过欺骗手段和高压措施来统治费城，并不需要人民的选票。费城人不为他们的政治机器投票，政治机器为他们投票。坦慕尼通常的做法是把伪票填满票箱，恐吓投票者，如今这样的事几乎没有了。坦慕尼的统治手段，就是利用纽约人民的选举权。

坦慕尼的腐败是民主化的腐败，而费城圈子的腐败植根于特殊利益集团。同样，坦慕尼也与“既定利益”有关，但是，坦慕尼要为自己所处的不利地位而苦恼，这种情况在费城却没有。费城的利益集团归属统治州和国家的同一个政党，地方利益集团与州利益集团、国家利益集团形成了一个共同的生存链。坦慕尼则纯粹是地方性质的，由于他们仅在老纽约拥有大多数，他们不仅被迫从州共和党多数派那里买下他们想要的东西，还要通过讨价还价才能得到整个城市。任何地方的大买卖都是政治腐败的根源，在纽约也是如此。但是在纽约的多数大企业只是派驻代表，并没有厂子。例如，那里有许多信托公司和铁路公司的总部或者办事处，但是仅此而已。城里只有两个铁路枢纽，供三条线路使用。与纽约相比，奥尔巴尼要做的可就多了。华尔街也是如此。费城证券交易所主要经营宾夕法尼亚州的有价证券，而纽约证券交易所的经营范围是整个美国。华尔街在那里有一个小组，专门从事地方企业业务，他们积极活动，给予坦慕尼方便条件，使其与华尔街建立联系，但是美国的多数大金融领袖，尽管他们在其他城市甚至在纽约是行贿者，但是却独立于坦慕尼协会，在各自家乡可能都是诚实的市民。确实如此，纽约能够而且确实经常这么做，即从金融领袖这一阶层中得到一些改革者。费城的情况则不是这样，与坦慕尼腐败行为做斗争的资产阶级反对派已经坚持了三十年，而在费城却没有这样的事情，费城人第一次伟大的起义爆发之后不久就遭到了镇压。马特·奎伊通过银行、铁路和其他利益能够实现自己的目的。他的权力的大部分是负面的，不存在敌对和反抗。坦慕尼的权力是正面的，坦慕尼不能够触及到所有大的利益集团，而其能控制的是人民。

坦慕尼民主化的腐败依靠的是民众的腐败，普通的民众，其中有重大意义。根据我的研究，其贿赂体系是这样的，那就是让更多的人从腐败行为当中获取一份利益。民众本身得到的其实很少，但是他们对此却很有兴趣。根据区域划分，坦慕尼组织将这些区域再分成分区或者街区，而他们的最高权力，则是通过选票的形式，利用亲切的态度和小的特权等手段大量买下的。假如受到了恐吓，如果必要他们也会放弃，但是他们的领导及属下有着自己的掌控范围，因为他们关心自己的利益。他们说着令人愉快的话语，友好地微笑着，关注儿童，在湖畔或者海边举办野餐，或者拍拍某个人的后背；他们帮助人们找工作，其实大多数就业岗位是由城市负担费用的，他们还有报亭、货摊、有轨电车和其他商业场所可供分配；他们允许违法行为，假如哪个人犯了法，他们也会帮助这个人顺利通过法庭审判。尽管他们随时能够像与人握手那样，把巴掌抽在哪个人的脸上，他们的仁慈却是真实的体贴，影响深远，长久不被人们忘记，并能长久地不嫌麻烦地帮助一个朋友。

如此廉价聚集起来的力量，就像垃圾，集中在地区领导人手里，他转而把权力通过一个委员会传递给老大。这是现在政府的一种生存形式，法律管辖之外的，但是非常实际，而且，尽管在一开始的时候完全是民主的，经过几个阶段的发展，最终还是变成了一种独裁政治。在费城，老大任命地区领导人，并授予他权力。坦慕尼协会总部以两三个显著的步骤完成了类似的转变，但是都会引起激烈的争斗，而这样的争斗往往持续数年。在费城，州老大指定市老大。在纽约，克罗克却不能控制他所任命的副手们。坦慕尼协会老大是需要时间成长的，正如克罗克的成长；查尔斯·墨菲成长起来后，取代了克罗克的位置。另外，费城的老大和他的利益集团能够处理和掌控几乎所有的贿赂活动，却只给各地区领导人留下很少的一部分，纽约的地区领导人则能够慷慨地分享赃款。

在纽约可供分享的好处多一些。要想估算出其中的数量，不仅仅是我，换成任何别的人，都不可能完成这个任务。即使是坦慕尼协会的人，也并不完全清楚。我在警察局的几个朋友对我说，在莱克斯沃委员会揭露真相之前，坦慕尼的领导人从来就不知道警察因腐败而捞取的钱财是多少，他们到底富到什么程度，而一直满足于收受小礼物、捐款和权势的政客们“并不插手过问”自己的份额，直到后来看到了受惊的警察贿赂者的供词，他们才知道警察局每年拿到的赃款达到400万～500万美元。这些款项数目如此庞大，令人难以置信，我甚至迟疑过是否写出来。德弗里有一次曾告诉一个朋友，警察一年受贿的款额“差不多超过了300万美元”。事后，在德弗里的安排下，每个月仅仅从赌博场所和台球社收取的赃款数额就相当大，这些钱由警察内部的腐败团伙进行分割。沙龙行贿、色情场所敲诈、赌彩发行……总额达到了令人震惊的数目。

然而，这只是一个部门，而且是坦慕尼多年忽略的一个部门。这个城市的年度预算大概是一亿美元，尽管与这些经费的开销相关的权力是巨大的，以不正当手段收取回扣的机会多得数不清，但在坦慕尼掌权时期，这笔钱的数目还不到协会财源的一半。这个协会的财源正是城市作为企业的财源，也是其政治权利和社会权利的体现。假如可以将坦慕尼组成股份公司，其所有的收入，无论是合法的还是不合法的，全都聚集起来，以红利或股息的形式支付，其股东能获得的回报一定要比纽约中央债券和股份持有人多出很多，甚至还会超过美孚石油公司的股票持有人，而控股集团所能行使的支配权差不多等同于美国钢铁公司。坦慕尼在其控制纽约时期，每年能从这座城市拿走数百万美元，真是令人难以置信。

难怪这些当领导的都那么有钱，难怪坦慕尼派有钱的领导要比其他任何城镇的领导多，难怪坦慕尼派在其地盘上对贿赂行为那么宽容。克罗克拿走了最丰厚、最安全的一份，而且还从其他人那里收取份子。他“身居华尔街的一端”，而坦慕尼的金融家小团伙，已经通过威胁城市道路的管理权打败了曼哈顿轨道交通公司，并以低价收购了几家公司的股份；他们一直参与都市交易，并在交易中巧取豪夺了第三大街有轨电车线路的经营权；艾斯信托基金机构是坦慕尼的公司；他们拥有银行和信托公司，通过纽约房地产公司强迫诸如美孚石油公司这样的机构与他们结成联盟。克罗克在这些交易和生意中分得了他的一份好处。他出售法官的职权，以向坦慕尼运动基金会捐款的形式接受自己的所得，而他本人却是基金会的财务主管；他让法官从通常的房地产交易中接收所有经过法庭的大量房地产生意，然后将其给予一家交易所，而这家交易所与他的公司的房地产生意有着紧密的关系。仅此一项，就能让他持有英国公爵领地般大的地产。但是他的房地产生意比那可大得多。他有着非同寻常的法律便利条件，免费、随便使用广告和政治特权的影响力，所有这些都被带进了生意，而且他能利用有利可图的交易，预先知道内部消息和随后的公共设施改造项目。

尽管克罗克说过他始终是在为自己的口袋而工作，也确实拿走了相当一部分贿赂，但他并非“像猪一般贪婪”。在这个城市，最为丰厚的贿赂流入了建筑管理部门：每年有一亿美元进入纽约建筑市场。所有这些，从户外厕所到摩天大楼，都需要接受严格的法律条款和规章制度的监管，其中大多数是明断的，一些是不可能的，建筑主管部门则是这些法律法规的执行者。建筑主管部门对所有的建筑项目进行审定和裁决，无论是私有住宅还是公共建筑，在工程的每个阶段，从规划制定到工程完工后的验收；他们不仅能够造成“不可避免的拖延”，而且能对相当多的违法行为睁一只眼闭一只眼，只要有利可图。建筑师和建筑商不得不巴结建筑管理部门，他们拜访合适的人，他们去说定还没有定下来的基建规模，但是这通常是基于建筑部门的评估，即施工周期的安排和使用劣质建材所节省下来的资金的一半。这就为银行里的人引入每年至少100万美元的好处。就我所了解的，克罗克从中什么也没有拿到！这些钱流入了其他领导人的口袋里，那是他们自己的受贿金。

地区检察官威廉·特拉弗斯·杰罗姆已经调查了码头管理部门，而且他了解了一些自己已证实的情况。这是一项重要的调查，有两个原因：这是一个非常重大的受贿案，而坦慕尼的新任领导人查理·墨菲与此案有关。纽约希望知道更多墨菲的情况，并想了解其管理的码头的情况，因为就像别的城市，他们的腐败通常与铁路和道路枢纽有关，纽约的重点企业就是码头和轮船业。这些码头本应该为城市带来丰厚的收益，墨菲先生却说不应该有收益，他是聪明的，在这方面他与克罗克是一样的，只是克罗克上了岁数之后开始变得唠唠叨叨，坦慕尼的人只好喊道："让他闭嘴！"但是他确实说过，码头的经营不是为了增加城市的税收，而是为了码头自身的改善。码头董事会每年独家、私下、秘密地控制着 1 000 万美元的支出。难怪墨菲选择了码头。

要想追踪纽约所有贿赂钱财从起源到终点的全部过程是不可能的。有可能做到的就是追踪腐败的渠道，也就是纽约人所熟知的通道。坦慕尼承包商能拿到市政工程，也能拿到私人工程，而无论是公司还是个人都觉得让坦慕尼承包商拿走工程还是能带来便利的，对他们有利。坦慕尼在竞标市政工程方面有着很好的贿赂体系，我说的"很好"是站在犯罪分子立场上讲的。一般说来（我只能这样说），方法是低价竞标和快速交付。但是从整体来看，坦慕尼体系是弱小的。

作为行贿者，坦慕尼人对自己的方法和体系很人信心。鉴于费城的方法和体系如此完美，坦慕尼的则令人感到发笑，而普通纽约人，对"加入组织"有着一种奇怪的自豪感，显得有些幼稚和粗俗。坦慕尼被时代抛下，它也在成长，得以改进。在特威德时期，政客们从市财政盗取钱财，在市政厅的台阶上分钱，而且，不仅仅是领导人、大头目和小头目，捧场的人和局外人也是如此；不仅仅是特威德集团的人，还有选区的木匠，都在抢劫城市的财富；不仅仅是政客们，还有报社和市民，都在"参与分摊"。不仅仅是坦慕尼协会，整个纽约都是腐败的。当事情被揭露出来，特威德提出了著名的发问："你们打算怎么处理这些事情？"圈子的市长 A·奥基·霍尔提出了另一个同样意味深长的问题。据报道，有人提出诉讼，反对圈子重新获得被盗取的基金。“谁想控告?”霍尔市长说道，他想不出有哪个重要人物因没有任何罪过，而有足够的胆量抛出第一块石头。偷盗被阻止了，而贿赂则被弄得更像是生意，还很普遍，而为争取百老汇大街有轨电车特许经营权的行贿和受贿，促使对这项生意的控制更紧了。从那时起，组织开始逐渐集中控制贿赂。克罗克没有在像费城圈子一样的道路上走得更远，如费城警察丑闻案所展示的。莱克斯沃事件曝光之后，坦慕尼接管了贿赂事务，但是仍然任由贿赂现象在各区域泛滥，而警长们依然能拿到1/3的好处。警察局事件被揭露之后，德弗里成了警察局头子，警察受贿行为更加集中，涉及的部门缩减到十四个。后来又归并为由四五个人管理的辛迪加，为警察提供零散的、五花八门的受贿机会。在费城，警察与警察受贿没有什么关系，某个警察也许收取贿金，但是他那是为政客代收的，而政客则依次把钱向上交给一个小的圈子。在德弗里的管理下，警官们得到的相对少一些，而普通警员则可能因调动和升职或者罚款数额不足、任务完成不佳，而受到各式各样的敲诈。

费城走到了尽头，而纽约在坦慕尼的统治下，在其智商低下、狂妄自大的领导人的不断推动下，也在加速朝着毁灭的下场猛冲。在费城，一个很小的圈子就可以得到想要的一切，随心所欲地进行瓜分，圈子内部的人也并非都是政客。他们只相信极少数几个人，这样他们的行为就不至于那么容易遭到曝光，他们更有权势，更加谨慎，他们像政客那样精明。但是在纽约，行贿受贿的人太多。举个例子，在德弗里掌管警察局时，他们并不满足于从大型色情场所收来的钱财。他们鼓励发展一些规模较小的违法活动，如彩票，达到了相当严重的程度，致使彩票大王被捕入狱，而德弗里的亲信格伦农被逼入艰难的处境，非常危险，这样地区检察官杰拉姆通过格伦农找到了德弗里和辛迪加的把柄。一天夜里在纽约市德隆警察站证人被人谋杀，局面得以挽回。但是，最糟糕的是，坦慕尼，“人民的朋友”，竟然允许由一帮号称吸毒者和拉皮条者组成的组织，在警察的保护下从事非法生意，诱使租户的女儿卖淫，甚至逼迫穷苦人让他们的妻子当娼妓，不听话就抓起来，关进监狱。这一非法交易从未被人曝光，这样的事不可能也不能被曝光。堕落的女人被“安置”在出租房里，而据我了解到的第一手情况，体面人家的孩子查点顾客的人数，见证这些交易。有位父亲在家里的餐桌旁，羞愧地流着眼泪对我讲述了所有这一切。

坦慕尼派的领导者通常在这些地区，自然而然地成为人民的领导，而他们最初也是些性情温厚、亲切宽容的人。没有人比我更真诚地喜欢这些普通而又慷慨大方的朋友，他们中有的人开始的时候真的很慈善，但是他们现在却出卖自己的人民。他们的确曾为人民雪中送炭，帮助人民解决各种生活困难，可是，随着他们越来越富有，越来越有权势，他们的仁善之情也逐渐变得淡漠。他们在酒吧收取好处费或者收取租金——用现金换取他们的“仁慈”；他们毁了社区里的父母和孩子；他们拿学校里的孩子们当牺牲品；纵容卫生部门无视租户的居住环境。最糟糕的是，在居民居住区和穷人家里设立卖淫场所。

这不仅仅是糟糕透顶的，而且是很坏的政治手腕，它已经打败了坦慕尼。当坦慕尼学好了一些时，给纽约带来了悲伤。诚实的傻瓜谈到了坦慕尼的改革，改革是一直以来都有的希望，又一次，这个希望没有实现，但并非毫无益处，这是将来可能出现的真正的危险。改革一个腐败的圈子就意味着改革其贿赂体系，明智地考虑良好政府的某些特点。克罗克将他“最好的警察局长”威廉·德弗里从坦慕尼协会赶了出去，随着年龄的增长，他的动作越来越迟缓。现在坦慕尼又有了新的老大，年轻的查理·墨菲，一个不为纽约人熟悉的人。墨菲看上去很愚钝，但是采取行动有力，敢于做出决定，并且很有策略。新任市长将会是他的人。他可能要与克罗克分配利益，留给这个“老家伙”所有他通常接受的贿赂，但是查理·墨菲将要统治坦慕尼，而且如果坦慕尼的人当选，还要统治纽约。在我写这篇文章的时候，刘易斯·尼克松敦促墨菲公开声明，反对警察丑闻和坦慕尼所有最邪恶的行径。刘易斯·尼克松是一位诚实的人，但是在克罗克试图安排坦慕尼领导人的候选人时，他也是一个人选。而且当克罗克辞职时，尼克松先生说过，他觉得一个人不可能既保住领导职务，又保住自尊。不过，尼克松这类人认为，如果协会能够“进行改革”，坦慕尼派还是适合管理纽约的。

作为纽约人，我害怕墨菲将被证明有足够的远见和智慧来这么做：平息丑闻，将所有的贪污行为掌握在几个真实可靠的人手里，送给城市所谓的好政府。墨菲说他将推荐一个人当市长，这个人太好了，他的善良会让纽约感到吃惊。我不担心坦慕尼派的哪个坏蛋来当市长，我担心选出一个好的市长。因为我曾去过费城。

费城有一个很差劲的、来自圈子的市长，这个人为行贿受贿大开方便之门，并使丑闻一个接一个地发生。那里的领导人（美国最精明的政治行贿人）从中吸取了很大的教训。正如他们当中的一个人跟我说的：

> “美国人并不在乎贿赂的事，但是他们特别反感丑闻，他们不会那么强烈地抗议或拒绝市政工程合同，比如说修一条大马路，但是他们想要一条方便的、没有灰尘的大马路。我们想给他们修路。我们希望给予人民真正想要的东西，平静的安息日、安全的街道、平安的夜晚和家庭安全。他们允许我们的警察接受贿赂。但是这个市长是头贪吃的猪。你知道的，他只有一个任期，也就是说他只能在自己的任期内捞取他的那份好处。他不仅贪婪地拿走了即将到手的那一份，而且还想得到在他的任期内所有他想要的东西。所以，我开始对受贿的市长和受贿的公职人员感到厌恶。听我说，让诚实的人进入政府是很好的策略。我的意思是指那些本质诚实的人。”

所以他们设法让约翰·韦弗当上了市长，而诚实的约翰·韦弗开始核查腐败情况，恢复秩序，做了大量的好事，这就是需要做的“好的政治”。因为他让人民感到满意，抚慰人民被触动的自豪感，鼓励他们顺从政治机器的统治。我在那里的一些朋友给我写信，他们是诚实的人，希望我能证明韦弗市长的善良。我照办了。而且我相信，假如费城统治机器的领导人能够像以前那样小心对待韦弗市长，让他继续坚持把政府管好，至少保持目前的状态，那么针对贿赂的“费城计划”就会持续下去，而费城再也不会是美国的一座自由城市。

费城和纽约开始改革市政府的时间差不多，大概都是三十年前。费城推翻了腐败的圈子，让这些人下台，得到了“好的政府”（费城人所谓的好政府），并满足于成为国家的丑闻和民主的耻辱。纽约则一直在战斗，进进退退，搞了三十年，直到他们为人民初步建立起了以洛先生为市长的政府。纽约人知道这个吗？纽约人在乎吗？他们是美国人，形形色色且特性不同。美国人真的想要好政府吗？就像我在一开始说过的，这些城市沿着错误的道路，与美国其他一些令人感到不愉快的城市一道，干了三十年，就是为了走上费城的绝望之路？

后记

洛市长以多党派的联合票得到了提名。坦慕尼协会则提名乔治·麦克莱伦。一些地方企业向坦慕尼协会竞选基金捐助了大量的钱，而且纽约人民以 62 696 票的决定性多数票拥护坦慕尼协会提出的候选人，选举结果是，麦克莱伦获得了 314 782 票，而洛先生是 252 086 票。

图书在版编目（CIP）数据

城市的耻辱 /（美）斯蒂芬斯（Steffens，L.）著；邢锡范译 .—北京：中国人民大学出版社，2015.8

ISBN 978-7-300-21677-5

Ⅰ.①城… Ⅱ.①斯…②邢… Ⅲ.①廉政建设-研究-美国 Ⅳ.①D771.234

中国版本图书馆 CIP 数据核字（2015）第 163228 号

城市的耻辱

林肯·斯蒂芬斯 著

邢锡范 译

胡 彧 校

Chengshi de Chiru

出版发行	中国人民大学出版社		
社　　址	北京中关村大街 31 号	**邮政编码**	100080
电　　话	010－62511242（总编室）		010－62511770（质管部）
	010－82501766（邮购部）		010－62514148（门市部）
	010－62515195（发行公司）		010－62515275（盗版举报）
网　　址	http://www.crup.com.cn		
	http://www.ttrnet.com(人大教研网)		
经　　销	新华书店		
印　　刷	北京联兴盛业印刷股份有限公司		
规　　格	145 mm×210 mm　32 开本	**版　　次**	2015 年 8 月第 1 版
印　　张	6.625 插页 2	**印　　次**	2015 年 8 月第 1 次印刷
字　　数	141 000	**定　　价**	35.00 元